나, 너 그리고 우리

나, 너 그리고 우리
가정과 어린이집에서 사회성 기르기

엠미 피클러 보육학 시리즈 ❸

Anna Tardos und Anja Werner (Hrsg.)
Ich, Du und Wir
Frühes soziales Lernen in Familie und Krippe

2011년 독일어 초판의 2015년 개정판을 한국어로 번역함

1판 1쇄 발행 2022년 2월 18일

지은이 안나 터르도시Anna Tardos, 아냐 베르너Anja Werner 편저
옮긴이 박성원

발행인 이정희
발행처 한국인지학출판사 www.steinercenter.org
주 소 04090 서울특별시 마포구 독막로 230 우리빌딩 2층 · 6층
전 화 02-832-0523
팩 스 02-832-0526

기획제작 씽크스마트 02-323-5609

ISBN 979-11-968748-5-8 (03370)

잘못된 책은 구입한 서점에서 바꿔 드립니다.
이 책은 한국인지학출판사가 독일 베를린 소재 Pikler Gesellschaft Berlin의 허락을 받아 2015년 제2개정판을 번역, 출간한 것입니다.
이 책의 내용, 디자인, 사진, 편집 구성 등의 전체 또는 일부분을 사용할 때는 발행처의 서면으로 된 동의서가 필요합니다.

후원계좌 I 신한은행 140-009-321956 사)한국슈타이너인지학센터

가정과 어린이집에서 사회성 기르기

나, 너
그리고
우리

안나 터르도시 · 아냐 베르너 편저, 박성원 옮김

한국인지학출판사
Korea Anthroposophy Publishing

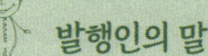
발행인의 말

♡ 이미 여러 해째 출산율 저하 곡선이 이어지는 '초저출산' 국가 대한민국이라지만, "교육이 나라의 미래를 결정한다"는 표어가 유효하지 않을 리는 없습니다. 우리 미래를 결정할 이 아이들이 건강한 사회 구성원으로 자랄 수 있는 기본 조건은 무엇일까요? 변화하는 사회의 요구에 따라 마련된 영아 보육 현장은 얼마나 안정적인가요? 가정과 영아 보육 현장에서 어린아이에 대한 이해의 폭은 얼마나 충분한가요?

국가와 사회, 개인을 향해 던지는 다양한 질문과 함께, 우리는 평생을 좌우하는 영아기의 발달을 얼마나 소중하게 생각하는지, 그리고 무엇보다 바람직한 자녀 양육과 현장의 질적 보육을 위해 어린아이를 대하는 우리의 기본 자세는 어떤지, 다시금 살펴보아야 하겠습니다. 이런 맥락에서 정부는 양질의 보육을 위해 2020년 제4차 표준보육과정을 도입하여, 만 0~3세 현장의 "영아 중심, 놀이 중심, 교사의 놀이 지원" 원칙을 강조하고 있습니다. 이렇게 기존의 문제점들을 수정, 보완하는 정책은 바람직하지만, 무엇보다 개인적 차원에서 선행되어야 할 것이 있습니다. 나는 영아의 본질을 깊이 인식하고 있는가, 매일 마주하는 아기를 어떻게 대하는가, 어른의 도움이 필요한 영아에 대해 진정 "존중하고 공감하는" 자세인가, 등을 묻는 자기 성찰이 그것입니다.

아기는 탄생 직후부터 기초적인 돌봄이 필요하고, 따라서 어른에게 온전히 의존적인 존재입니다. 수유와 이유식, 기저귀 갈이와 씻기기 등 생리적 욕구 해결을 위한 돌봄은 일상에서 반복적으로 일어납니다. 이런 돌봄 과정에서 우리가 흔히 놓치는 부분이 있음을 유념해야 합니다. "함께하는" 동안 어른이 아기와 오롯이 소통하며 공감을 이루어 낼 때, 아기의 언어 발달은 간접적으로 촉진되며, 나아가 인성을 구성하는 요소들도 발달합니다. 자신을 대하는 어른의 손길과 눈길을 통해 아기는 자신이 어떻게 받아들여지는지를 본능적으로 느낍니다. 이때 경험하는 내적 안정감과 만족감은 아기의 자존감으로 이어지며, 이와 함께 건강한 애착관계가 형성됩니다.

또 한 가지 가정과 영아 현장에서 자주 간과하는 부분이 있습니다. 아기는 "함께하기" 뿐 아니라 "혼자 있기"도 원하고 즐겁니다. "혼자 있기"를 통해 아기는 차분하게 주변을 탐색할 수 있으며, 이렇게 자유롭고 독립적으로 신체를 스스로 움직여야 대소근육의 발달이 이루어집니다. 더욱이 어른의 개입이나 외부의 자극이 없는 자유 놀이에서 오히려 아기는 자신의 욕구를 활발하게 발산합니다. 아기는 놀이에서 세상을 배워 나가니 말입니다.

헝가리 소아과 의사이며 교육학자 엠미 피클러(1902-1984)는 바로 이 두 가지 관점을 포착하는 동시에 아이마다 다른 발달 속도의 배려를 강조하는 세계 최초의 영아보육학을 정립했습니다. 국립영아보육원 "로치"를 설립한 피클러는 직접 아기들을 돌보고 관찰한 경험을 토대로 구체적인 영아 보육 방법을 제시합니다. 1968~1970년 세계보건기구(WHO)의 위탁으로 성인이 된 '로치 아동 100명'의 생활 모습을 추적한 결과, 이른바 '일반 가정'에서 자란 경우와 전혀 차이가 없다는 보고서가 나왔습니다. 이렇게 부모 없이 보육원 시설에서 자란 아이들 대부분이 일명 '시설병' 때문에 심리적 어려움을 겪는다는 통념을 무너뜨린 것이 피클러 영아보육학입니다. 영아 보육이 일반화된 요즘, 이런 실증적인 확인이 피클러 영아보육학의 의미와 가치를 더욱 부각시키고 있습니다.

한국슈타이너인지학센터가 발간하는 〈엠미 피클러 보육학 시리즈〉는 36개월 미만 아기들 일상의 다양한 장면을 보여 줍니다. 부다페스트의 피클러 연구소와 베를린 피클러 협회에서 발행한 시리즈 각 권은 풍부한 실제 사례와 분석을 통해 영아의 발달을 동행하는 바람직한 어른의 자세를 제시하고, 상황별 영아 보육 방법을 세밀하게 안내합니다. 가정과 영아 현장에서 드러나는 어른의 행동이 아이에게 과잉보호로 작용하지 않는지, 아이를 하나의 '인격체'로 대한다는 생각에서 어른이 하는 말하고 행동이 적절한지, 또는 아이의 성장을 지원한다는 이른바 '영아 교육 프로그램'과 각종 교육 행위가 타당한지 점검하고, 나아가 4~7세의 유아 현장에서 만나는 문제들의 원인과 해결책을 교육적으로 풀어가는 데 이 〈엠미 피클로 보육학 시리즈〉는 유익한 자료가 될 것입니다.

《발도르프 육아예술》 저자,
사단법인 한국슈타이너인지학센터 대표
이정희

_사진 출처

마리안 라이스만 Marian Reismann_20p
개인 소유_25p, 34p, 40p, 48p, 67p
부다페스트 피클러 크리페_78p, 89p, 92p, 96p, 99p, 107p, 110p, 121p, 127p, 128p, 140p, 142p

 **차례**

발행인의 말 _이정희 ··· 4

머리말 _ 앙케 친저Anke Zinser ··· 10

 아이의 첫 공동체인 가정 ··· 16
_안나 터르도시Anna Tardos, 아냐 베르너Anja Werner

 크리페에서의 사회화 - 기회와 위험 부담 ··· 74
_안나 터르도시Anna Tardos, 아냐 베르너Anja Werner

 사회화로 가는 길: 자신과의 평화, 타인과의 평화 ··· 149
_에바 칼로Éva Kálló

 긍정적인 교육 태도에 관하여 ··· 182
_안나 터르도시Anna Tardos, 에바 데헬란Éva Dehelán, 릴리 세레지Lili Szeredi

 부록: 《사람이 되도록 양육하기》 중 발췌 ··· 198
_앨리스 헤르만Alice Hermann

저자들 ··· 202

피클러 교육학 관련 도서 ··· 203

베를린 피클러 협회 총서 ··· 204

머리말

"현실의 모든 삶은 만남이다."

마르틴 부버 Martin Buber

♡ 아이가 태어나는 순간 아이는 세상에 적응하고 공동체 속에서 자리잡는 법을 배우는 머나먼 길을 걷기 시작한다. 이 길을 걸어가는 동안 아이는 호기심을 가지고 주변을 관찰하고 탐구하면서, 갖가지 사물로 구성된 세상의 모습을 이해하고 자기 자신과 다른 사람들에 대해 알아가기 위해 끊임없이 노력한다. 주위 사람들은 아이가 자주성과 자신감을 갖추도록 지원하고, 아이의 방향 감각을 제공하고, 공동체 생활에 필요한 사회적 규칙을 습득하고 수용하도록 도와줄 수 있다.

이 책에 실린 여러 편의 글에서 논의의 바탕이 되는 것은 엠미 피클러의 다년간의 연구와 그의 교육학적 관점과 원칙이다. 그리고 여러 해 동안 헝가리 부다페스트 소재 영아 보육 시설("로치 보육원")의 원장으로 활동한 엠미 피클러는 가정과 영아 현장에서 아기에게 양질의 보육을 제공할 수 있는 길을 제시한다. 엠미 피클러와 안나 터르도시,

로치 보육원의 교사들은 수십 년 전부터 아이들을 배려하고 존중하면서 세심하게 대하는 태도를 강조해 왔는데, 이런 태도는 아이들의 대인 관계 능력과 사회성 발달에 결정적인 토대가 된다. 엠미 피클러의 보육학에 관한 관심은 지난 몇 년 동안 확연하게 커졌으며, 반갑게도 독일에서는 엠미 피클러가 강조한 보육 담당자의 태도를 실천하는 영아반 현장이 점점 늘어가고 있다.

이 책은 사회화라는 광범위한 주제를 포괄적으로 다루거나 심오한 논의를 제공하지 않지만, 가정과 영아 현장에서 아이를 보육할 때 사회화라는 주제에 대해 한 번쯤 생각해 보도록 자극하고 도움을 줄 수 있을 것이다. 또한 베를린 피클러 협회의 영아 보육학 시리즈를 이어가는 이 책은 가정이 아닌 기관에서의 조기 보육을 문제삼는 토론의 내용을 풍부하게 만들어 줄 수 있을 것이다.

영아 보육 현장의 수용력이 확대되면서 독일 내에서는 가정 밖에서의 영아 보육을 둘러싼 논쟁이 사회적 차원에서 대대적으로 일어나기 시작했다. 몇 살부터, 어느 기간 동안 영아 전담 어린이집("크리페 Krippe")에 아이를 맡기면 아이가 아무런 부정적인 영향을 받지 않고 성장해 나갈 수 있을까? 이에 관한 영유아 교육 전문가들의 의견과 제안의 폭은 매우 넓다. 만 18개월부터, 만 2세부터, 적어도 만 1세부터, 아니면 만 3세가 지나고 나서부터? 이 질문에 관해서는 아이와 아이를 둔 가정을 위해 바람직한 결정을 내리도록 도움을 주는 명쾌한 대답이 존재하지 않는다.

영아 현장에서 이루어지는 조기 보육이 실제로 어떤 위험성과 어떤 기회를 동반할지는 현장 교사의 태도와 아이의 개별적인 보육 상황에 달려있다. 교사가 영아 그룹의 각 아이들과 견고하고 안정적이며 정서적인 유대 관계를 구축하고, 부모와 협조하는 가운데 아이의 보육 장소가 가정에서 어린이집으로 옮겨지는 과정을 조심스럽게 이루어 낼 수 있을 것인가?

많은 가정에서 특히 엄마들은 다음과 같은 의문을 갖는다. 우리 아이가 편안하게 지낼 수 있는 곳을 찾을 수 있을까? 아이가 제대로 된 보살핌을 받게 될까? 아이를 주의 깊게 관찰하고 존중해 주는 보육교사를 만나게 될까? 아이가 잘 먹고 잘 자고, 잘 놀까? 아이가 어린이집의 일상에 잘 적응할까?

어린 자녀를 영아반에 보낼 생각을 하는 부모들이 이런 의문을 갖는 것은 당연한 일이다. 이런 부모들에게 무엇이 양질의 보육을 가능하게 하는지를 알려 준다면 많은 도움이 될 것이다. 어린아이에게 중요한 것은 일상생활의 매 순간에 자신에게 필요한 구체적인 도움을 받는 것이다. 또한 아이는 주위 사람들의 다양한 기대를 이해하는 데 필요한 도움, 나아가 가정에서, 그리고 어린이집에서 다른 아이들과 함께 지내는 데 필요한 사회적 규칙과 행동 방식을 배워 나가도록 도움을 받아야 한다. 이 책에서 엠미 피클러가 우리에게 가르쳐 주는 것은 성인이 참을성을 가지고 아이의 사회적 성숙 과정에 시간을 주어야 한다는 사실이다.

앙케 친저 Anke Zinser

나, 너 그리고 우리

아이의 첫 공동체인 가정

_안나 터르도시 Anna Tardos, 아냐 베르너 Anja Werner

♡ 부모는 아이가 태어나는 순간부터 사랑과 관심을 쏟고 헌신적으로 돌보아 줌으로써 아이가 주변 환경에 관심을 갖고 적극적으로 맞설 정서적인 힘을 준다. 부모는 아이가 자신에 대해 알아가고, 우선 가정이라는 작은 공동체 속에서 시간이 지나면서 넓은 세상에서 자신의 자리를 찾도록 도와주는 사람이다. 사회에 관한 학습은 태어난 직후에 시작되어 첫 몇 해 동안 이어지는 성장의 주제로, 아동기 전체를 동반할 뿐 아니라 성인이 되어서도 결코 완결되지 않는 과정이다.

부모는 자녀가 공동체 안에서의 미래의 삶에 대해 준비를 하기 위해서 어떤 도움과 어떤 인도와 어떤 재량권을 필요로 하는지 묻게 된다. 아이가 다른 사람들을 공감하고 배려하는 사람으로 자랄까? 아이가 자신이 원하는 것이 무엇인지 알고, 이를 위해 자신감 있게 나아가는 사람으로 자랄까? 공동체에 적응하는 과정에서 생겨나는 긴장과 갈등을 피하는 것은 가능한 일일까? 부모가 가르칠 것은 무엇이며, 어떻게 하면 아이를 존중하면서 이를 실천할 수 있을까?

아이는 이 이른 시기에 다양한 경험을 하며, 이 경험은 아이의 인성 발달에 지속적으로 영향을 미친다. 이런 경험은 아이가 태어난 첫 시기부터 지속적으로 이루어진다. 예를 들어 신생아가 울 때, 그 아기는 부모에게 자신의 다양한 요구에 알맞게 대응할 것을 요구하고 있는 것이다. 하지만 첫 시기에 아기가 가정에 적응하는 과정은 항상 순조롭지만은 않다. 예컨대 부모가 아기의 욕구를 이해하지 못하고 충족시켜 주지 못하거나, 아기는 부모가 들어줄 수 없거나 들어주지 않으려 하는 것을 요구하는 경우에는 일찍부터 문제가 발생하기도 한다.

때때로 부모는 자녀의 행동에 대해 어찌할 바를 모르고 속수무책 상태가 되기도 한다. 또한 때로는 자신의 감정과 반응에 대해서도 마음이 불편해진다. 비단 아이만 자기 자신에 대해 알아가는 것이 아니라, 부모 또한 미지의 과제를 부여할 새로운 역할을 맡는다. 서로를 알게 되는 것, 서로에게 적응하고 서로에게 맞추는 것은 부모와 아이 서로 간에 이루어지는 과정이고, 이로부터 점차 사회에 대한 학습이 형성된다.

여기서 우리는 엠미 피클러의 영아 보육 이론을 토대로 아이의 사회화 과정에 대해 이야기하고, 보육교사가 아이의 사회화 과정에 도움을 주는 방법을 제안하고자 한다. 하지만 우리는 섬세하고 다면적이고 극히 개인적으로 이루어지는 부모와 자식 사이의 교류에 보편타당한 해법이란 존재하지 않는다는 것을 잘 알고 있다. 우리의 제안으로 영아와 함께할 때 예기치 않게 겪게 되는 문제에 좀 더 침착하게 대처하여 돌봄 과정을 '함께'하기가 한결 수월해지기를 바랄 뿐이다.

우리는 우선 타인이 아이를 대하는 방식이 아이의 자기 체험에 어떤 영향을 미치는지 자세히 다룰 것이다. 그러고 나서 좁은 의미의 사회화를 다음과 같이 다루고자 한다.

- 성장하는 동안 점점 넓어지는 세계에 제대로 적응할 수 있도록 돕는 엠미 피클러의 제안을 소개한다.
- 갈등에 대한 대응책을 포함하여 우리가 아이에게 기대하는 것들의 각기 다른 중요도와 의미를 서술한다.

1. 아기의 자기 체험이 사회화에 미치는 영향

어른과 "함께하는" 돌봄 순간의 자기 체험

영아기 발달에서 가장 중요한 자양분이 되는 긍정적인 자기 체험은 아기가 부모의 사랑을 느끼고 따뜻한 마음과 친근함과 관심을 경험하면서 그 토대가 형성된다. 부모의 사랑이 담긴 자연스러운 행동, 아기의 감정에 대한 공감, 성장에 대한 관심을 통해 아기는 자신이 부모에게 더할 나위 없이 중요하고 사랑스러운 존재라는 사실, 그리고 자신과 함께 있는 것을 부모가 기뻐한다는 사실을 분명하게 느낀다.

자기 체험은 일상적인 상황에서 부모가 어떻게 아이를 대하고 아이의 욕구를 이해하고 충족시켜 주는지에 의해서도 분명하게 영향을 받는다. 아이를 존중하는 어른의 태도로 인해 긍정적인 자기 체험을 하는 것이 영아의 사회화에 얼마나 커다란 힘이 되는지를 제대로 의식하지 못하는 사람들이 많다.

> 만 1세 이전의 영아는 하루를 보내면서 부모의 손길을 자주 접하게 된다. 부모는 때로는 아이를 안아 주고, 때로는 눕히고, 필요에 따라 아이의 몸을 움직이고, 옷을 입히거나 벗기기도 하면서 아이를 돌본다. 이런 과정에서 아이에게 전해지는 것은

부모의 목소리와 표정뿐만 아니다. 아이는 부모가 자신을 다루는 부드럽거나 확고한 손길, 재빠르거나 여유 있는 손길을 체험한다. 부모는 자기 손길의 "언어"에 대한 영아의 대답을 근육의 긴장과 이완이나 표정으로 감지할 수 있다. 부모는 아이를 들어올리는 타이밍을 아이의 움직임에 맞추거나 아이가 긴장을 풀고 부모의 팔에 기댈 수 있도록 아이의 머리를 잘 받쳐주는 행동을 통해 아이의 욕구를 충족시키고 편안하게 해 줄 수 있다.[1]

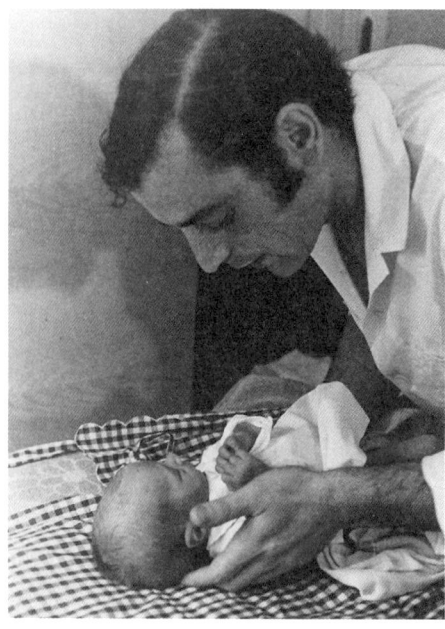

공감과
배려를 통한
만남

일상적인 돌봄 상황에서 아이는 말 그대로 몸으로 체험하는 구체적인 사회적 경험들을 하게 된다.

기저귀를 갈거나 옷을 갈아입힐 때 부모가 아이에게 자신이 하려는 행위를 미리 알려주고 적극적으로 참여할 여지를 준다면, 이를 통해 아이는 긍정적인 사회적 메시지를 받게 된다.

> 부모는 아기에게 "이제 등을 씻기기 위해 널 옆으로 뉘일 거야."라고 미리 알려 주거나 머리를 빗기기 전에 빗을 보여주어 잠시 후에 일어날 일에 아기를 대비시킬 수가 있다. 또한 셔츠를 보여주면서 소매에 팔을 넣으라고 요청하고는 아기에게 반응할 시간을 주거나, 입고 있던 바지에서 스스로 발을 꺼낼 수 있는 시간을 주는 것 등으로 아기가 협력하도록 이끌 수도 있다.

자신이 공동의 행위에 영향을 미치고 이를 함께 이루어가는 적극적인 참여자임을 경험하는 영아는, 어른의 활동에 참여하지 않거나 그 동안 장난감을 가지고 놀도록 유도되는 아이에 비해 이렇게 보살핌을 받는 상황에서 자신의 능력과 영향력을 훨씬 확실하게 체험한다. 명확한 범위 내에서 아이의 참여를 제안하는 행위는 기저귀를 갈고 옷을 입힐 때 아이와 부모가 편안한 상태를 유지하는 데 도움이 된다. 예를 들어 기저귀를 갈 때 아이가 떨어질 위험이 없는 환경에서 자유롭게 몸을 움직일 수 있도록 하는 것도 부모와 아이의 만남을 편안하게 한다. 이런 방식으로 아이를 대하면 아이가 좀 더 자란 후에 보육 상황에서 흔히 발생하는 갈등을 줄일 수 있다.

수유하거나 이유식을 주는 것은 영아의 일상에서 중요한 순간이며, 이는 영아의 자기 체험에 영향을 미친다.

> 부모가 배고픈 아기의 불편한 상태를 제대로 알아채고 수유하거나 이유식을 주면, 아기는 이런 종류의 불쾌함은 음식물의 섭취로 해소된다는 것을 경험한다. 즉, 배고픔과 포만감을 다른 종류의 긴장 상태나 만족과 구별하는 법을 배우는 것이다. 아기의 욕구에 대해 적절하게 응답하면, 아기는 다양한 종류의 욕구를 점점 더 구별하고 인식하여 더 확실하게 표현하게 된다. 아기의 욕구에 대한 적절한 응답은 아기가 자신의 주위 사람들과 자신의 영향력을 신뢰하도록 해 준다. 반면, 배가 고파서 우는데 어른이 안아서 달래려고 하거나 피곤함 등으로 칭얼대는 아기에게 계속 먹을 것만 주면, 아기는 자신의 다양한 욕구를 구별하여 표현하는 법을 배우기가 어렵다.

먹을 것을 줄 때 아기가 숟가락을 보고 입을 열 때까지 기다리는 것과 아무런 예고도 없이 아이의 입에 숟가락을 밀어 넣는 것, 아이가 더 이상 입을 열지 않거나 고개를 돌릴 때 식사를 중단시키는 것과 이렇게 배가 부르다는 신호를 보내는데도 계속 먹이는 것, 이 모든 행동은 영아의 자기 체험과 자신감에 영향을 미친다.

아이가 배 부른지를 느끼고 이를 표현하는 능력이 있다고 믿기란 부모로서 쉽지만은 않은 판단이다. 아이에게 음식을 먹이거나 아이 혼자서 먹는 법을 익힐 때에는 많은 긴장 상황과 심각한 갈등이 일어날 수 있다. 이런 긴장과 갈등을 줄이려면, 식사 도구의 사용법 같은 새로운 요건을 조심스럽게 알려주고 주의 깊게 그 과정에 동행해야 한다.[2]

일상적 상황에서 아이를 대하는 과정 중 사소하게 보이는 많은 부분들이 아이의 자기 체험에 특정한 성격을 부여한다. 아이는 주위 사람들이 어떤 응답을 하고 어떤 반응을 보이며, 자신이 보내는 신호를 통해 부모에게 얼마만큼의 영향력을 미칠 수 있는지 경험한다.

아이에게 무언가를 바라거나 어떤 계획을 가지고 있을 때 보이는 부모의 행동 또한 아이의 자기 체험에 영향을 미친다.

잠시 후에 너를 안아 줄 것임을 말과 제스처를 통해 알려주어 대비시키는 것과 아무 말도 하지 않고 덥석 안아 주는 것은 아기에게 다르게 다가온다. 간단하게 말을 걸면서 손수건을 보여주고 나서 콧물을 닦아주는 것과 아무 예고 없이 손수건을 코 앞에 들이미는 것은 아기에게 분명히 다른 영향을 미치는 행동이다.

위의 몇 가지 사례는 일상적 상황에서 애정과 사랑이 담긴 섬세한 배려를 경험하는 아기가 어떻게 긍정적인 사회화 과정에 도움이 되는 소중한 경험을 쌓아가는지 잘 보여준다.[3]

주체적인 활동을 통한 아이의 자기 체험

아이는 부모가 자신을 대하는 방식뿐만 아니라 스스로 주도적인 활동을 하며 몸을 움직이고 노는 과정을 통해 자기 자신, 현재 자신의 능력과 한계 등을 접하며 자신의 권한을 경험한다.

멀리 굴러가 버린 공이 멈춘 곳까지 아기가 갈 수 있는가, 아니면 현재 아기의 운동 능력을 감안할 때 공이 너무 멀리 떨어져 있는가? 방금 전에 우연히 빙글빙글 돌아갔던 바구니를 아기

흥미를 가지고 주도적으로 노는 아이

의 손으로 다시 한 번 빙글빙글 돌아가게 할 수 있는가? 아기가 점점 높은 곳으로 올라가더라도 균형을 잘 잡을 수 있는가?

아기의 발달 정도에 맞고 안전하게 마련된 활동 및 놀이 공간에서 아이가 자주적이고 적극적으로 움직일 수 있으려면, 자신의 충동에 의해 세계를 알아가는 능력을 부모가 신뢰해야 한다. 아이가 움직이고 놀 수 있는 주위 환경이 적절하게 갖추어져 있을수록, 그리고 아이가 그 안에서 아무런 방해를 받지 않고 마음껏 지낼 수 있을수록, 아이는 놀잇감을 다루고 몸을 움직이는 가운데 얻게 된 자신의 능력을 바탕으로 더욱 확실하고 실질적인 자기상을 갖게 된다.

아이는 자신의 영향력을 체험하고 이를 통해 새로운 것을 시도할 동기와 의욕을 얻는다. 어떤 활동을 스스로 시도함으로써 영아는 자신이 과제를 제시하고, 해법을 찾고, 실패까지도 스스로 극복할 수 있다는 것을 경험한다.

아이는 몸을 움직이고 사물을 가지고 노는 과정에서 단순히 이전보다 능숙해지는 것에 그치지 않고, 자신의 활동을 통해 스스로를 점점 더 잘 알아간다. 이런 형태의 자기 체험 또한 자신의 정체성의 일부가 되며, 적극적인 사회화 과정에 영향을 미친다. 자기 능력에 대한 체험, 즉 자신의 활동을 통해 점점 더 많은 일을 할 수 있다는 경험이 늘어나면, 이는 자의식의 확립, 자기 힘의 강화로 이어진다. 그리고 이런 내면적인 힘의 도움으로 아이는 사람들과 함께 지내고 소통하는 것을 통해서도 자신의 능력을 발달시킬 수 있다는 믿음을 갖게 된다.

아기가 무엇을 하려는 시도와 그에 따른 실패를 경험하는 것에는 또 다른 측면이 있다. 아이는 이른 시기에 탐색놀이와 몸을 움직이는 과정에서 물리적인 규칙성을 인정하고, 사물의 특성으로 인한 자신의 시도에서 한계를 인정하는 것을 배운다. 이런 과정을 거친 아이는 좀 더 자란 후에도 이 세상에는 변하지 않는 것들이 존재한다는 것을 보다 쉽게 이해하고, 비현실적이거나 충족시킬 수 없는 바람을 보다 쉽게 포기할 것이다.

어느 정도 자란 아이들은 역할놀이를 하면서 자신의 경험, 바람, 기쁨, 슬픔을 소화시킨다. 이들은 역할놀이를 통해 자신의 감정을 표현하고, 이런 과정을 통해 무엇보다도 좌절을 극복하는 연습을 한다. 어른들의 세상을 모방하고 주위에서 접하게 되는 다양한 사회적 역할을 자신이 수행해 보려 시도한다. 아이는 역할놀이 중 자기 자신 혹은 놀이 파트너에 대해 객관적이며 비판적인 시각을 가지고 성찰해 본다. 따라서 아이가 수년 동안 행하는 중요한 놀이 형태인 역할놀이는 사회성 발달에 매우 중요하다.

2. 사회적 기대와 규칙의 전달

지금까지 언급한 모든 것은 아이가 사회를 배우는 데 중요한 요소들이다. 즉, 부모와 따뜻하고 신뢰할 수 있는 관계를 이룸으로써 부모가 아이에게 행동의 모델이 될 뿐 아니라 부모가 가진 여러 가치를 자신의 것으로 만드는 것, 일상적인 돌봄 상황에서 부모와 함께 원만하고 기쁘게 있는 순간, 자기 자신과 주변에 대해 자발적으로 몰두하는 것 등이 아이의 사회화에 중요한 것이다.

좁은 의미의 사회화라고 하면, 아이가 어른의 직접적인 인도와 전달을 통해 구체적인 규범과 행동 양식을 내면화시키는 과정을 의미한다.

서두에 언급한 것처럼, 자기도 모르는 사이에 자신이 공동체에 맞추어지는 것은 사회적 학습으로는 충분치 않다. 그뿐 아니라 아이들은 구체적인 상황에서 어떤 행동이 바람직하고 적절한지 알려주는 기준과 정보를 필요로 한다. 여기에서 중요한 것은 아이가 어른의 요구에 수동적으로 맞추는 것이 아니라, **부모와 아이가 지속적이고 적극적인 대화를 함으로써** 더 깊은 의미로 사회를 배우는 것이다.

사회적 학습 과정에서 아이는 때때로 자신이 생각하고 원하는 것이 주변의 기대와 대립하는 상황에 부딪힌다. 이때 아이가 반드시 부모의 기대를 받아들여야 하는 것은 아니다. 아이가 자신의 흥미를 개발하고, 사회적 기대와 조화를 이루는 범위 안에서 그 흥미를 펼쳐 나갈 수 있도록 여지를 마련해 주는 것은, 부모가 많은 인내와 관심을 가지고 수행해야 할 과제이다.

엠미 피클러는 이미 1946년에 발행된 부모를 위한 핸드북 《평화로운 아기들·만족스러운 엄마들》[4]에서 아기의 행동에 대한 기대를 단계적으로, 명확하게, 평화롭게 전달하는 방법을 제안한 바 있다.

지금도 여전히 유효해 보이는 이 제안은 아기가 긍정적인 사회적 발달을 이루는 데 무엇이 필요한지 확실히 보여준다.

피클러 보육학을 특징짓는 평화롭고 애정이 담긴 기본 자세를 유지하면 아이와의 갈등을 내포하기도 하는 규칙과 기대를 아이에게 직접 전달해 줄 필요가 없다고 생각하는 것은 오해이다. 아이의 개인적 바람과 공동체의 기대가 건설적으로 균형을 이루는 방향으로 아이의 사회적 학습 과정을 지원하는 것이 부모가 책임지고 수행해야 할 구체적이며 목표에 상응하는 교육 행위이다.

금지와 제한은 교육 수단 중 가장 눈에 띄는 수단이다. 교육에는 실제로 많은 제약이 필요하다.

하지만 사회적 학습이 규칙의 단순한 준수 그 이상인 것처럼, 교육은 단순한 제한을 훨씬 넘어서는 것이다. 사회적 학습을 위한 토대는 개인의 정서적, 인지적 성숙 과정이다. 이 과정을 통해서 비로소 공동체의 기대를 이해하고 그에 상응한 행동을 하는 데에 필요한 전제 조건이 마련된다. 사회적 학습을 통해서 아이는 공동체의 적극적인 구성원이 되어 그 안에서 자신의 자리를 찾을 능력을 얻는 것이다. 아이는 모든 일의 상관관계를 인식하고, 자신의 바람과 목표를 의식하며, 자신의 주변과 조화를 이루는 가운데 이를 실현하는 법을 배우게 된다.

모든 것을 허용하기만 하는 수동적인 부모는 아이에게 행동 기준을 제공해 주는 상대가 되지 못한다. 교육적인 인도를 체험하지 못한 아이들은 스스로 지도자의 역할을 자처하는 경우가 흔하다. 하지만 그런 태도는 아이의 삶의 경험에 맞지 않을 뿐 아니라 아이의 능력에 부치는 일이며, 심한 경우에는 모든 형태의 제한에 대해 아이가 극도로 예민해지게 만들기도 한다. 그러면 주변과의 충돌은 피할 수 없는 일이다. 때때로 요구가 많고 명령조로 나오면서도 실상은 자존감이 낮은 이런 아이들과의 갈등은 심각한 결과를 초래하거나 양쪽 모두에게 상처를 줄 수 있다. 이와는 반대로 협상의 여지가 없이 완고한 규칙과 제한만 주로 경험하는 아이는 사람들의 기대에 담긴 본래의 의도를 이해하고 받아들일 기회조차 얻지 못한다. 이런 아이는 흔히 겉으로는 순응하는 듯 보이지만, 기회만 보이면 즉시 자신을 옥죄는 틀을 부수고 나오거나, 자신의 욕구를 감지하거나 자신이 원하는 바를 알지 못한 채 외부의 기대에 수동적으로 따르게 된다.

  이런 두 극단적인 상태는 앞에서 언급한 교육적 목표로 이어지지 않는다. 그러므로 중요한 것은 아이들에게 어떤 기대 행동을 전달할 것인지가 아니라, 그것을 어떤 방법으로 전달할 것인지이다.

3. 엠미 피클러의 기본 제안

앞서 언급한 책 《평화로운 아기들 - 만족스러운 엄마들》에서 엠미 피클러는 위에서 서술한 문제들에 대해 상세히 설명한다. "영아기에서 유아기로"라는 제목의 장에서 그는 아기가 더 많이 움직이게 되면서 점점 넓어져 가는 세계를 탐구하는, 흥미로우면서 때로는 긴장감이 커지는 시기를 되도록 평화롭게 지나갈 수 있도록 할 교육적 행동을 구체적인 사례들로 설명한다. 우리는 여기에서 엠미 피클러의 몇 가지 견해를 다음과 같이 소개하고자 한다.

피클러는 보육을 담당하는 어른의 **온화하고 일관성 있는 행동을** 언급한다. 여기에서 일관성이란 부모가 아기에 대한 자신의 정당하고 사려 깊은 기대를 진지하게 여기고, 특별한 경우를 제외하고는 이를 관철시키는 것을 의미한다. 부모는 자신이 중요하다고 생각하는 사안을 아기에게 거친 말이나 몸짓을 하지 않고서도 인내심 있게 전달할 수 있다.

일관성 있는 행동이란 엄격하거나 단호한 행동을 뜻하지 않는다. 아이가 불가피한 제약에 대해 실망이나 분노로 반응하더라도, 아이에게 명확하면서도 관심 어린 행동을 보여주는 것이 아이가 실망을 극복하는 데에 도움이 된다. 일관성이 있다는 것은, 아이에게 행동의 기준을 전하기 위해 우리가 표현하는 기대가 언제나 동일한 내용을 담고 있음을 뜻한다. 그래서 엠미 피클러는 아이가 자란 후에 금지해야 할 것이라면 어린아이에게도 허용하지 말아야 한다고 조언한다.

> 만 1세 이하의 영아가 엄마의 머리카락을 잡아당길 때에도 어머니는 아기에게 머리카락을 잡아당기면 엄마가 아프니까 하지 말라고 진지하게 말로써 요청할 수 있다. 그런 경우 잠시 동안 아이를 자신과 조금 떨어뜨려 놓을 수도 있다. 영아가 머리를 잡아당겼을 때, 처음에는 어머니가 웃었는데 잠시 후 같은 행동을 되풀이했을 때 화를 내면, 아기는 그 상황을 정확히 이해할 수가 없게 된다. 엄마가 분명한 태도를 보여야 아기가 자신에게 기대되는 행동이 무엇인지 이해하고 따르는 데에 도움이 된다.

일관성 있는 행동이란, 아기가 상반되는 메시지들을 받는 일이 없도록 부모가 자신의 요구하려는 내용에 상응하게 행동하는 것을 뜻하는 것이기도 하다.

> 예컨대 손에 들고 있던 물건을 아무 예고도 없이 빼앗기는 경험을 여러 번 한 아이에게서는 다른 사람이 가지고 있는 물건

을 갖고 싶으면 공손하게 요청하기를 기대할 수는 없다.

힘든 학습 과정에 있는 이 연령의 자녀를 돕는 것은 부모의 과제이다. 부모는 아이가 "실수"를 하는 순간을 포착해서 비판하는 것이 아니라, 아이가 자신에게 **기대되는 행동을 인식하고 실행하도록 도와줄** 의무가 있다. 부모는 자녀가 비록 먼 길을 돌아가더라도 실은 적절한 행동을 하고 공동체에 적응하는 법을 *배우고 싶어한다는 것을* 진정으로 믿어 주어야 한다.

다양한 행동 방식을 시도해 보는 것은 사회 학습의 일부이다. 이런 사실을 알고 있는 것은 바람직한 일이다. 아이가 이미 잘 알고 있는 기대 행동이라고 해도, 부모가 뜻하는 그 기대 행동을 수행하지 않는 것이 반드시 도발인 것은 아니다. 아이는 자신의 충동을 따르는 것을 멈출 수 없을 때가 있기 때문이다. 이 경우 아이는 부모를 "화나게 할" 의도가 없으면서도 자신이 원하는 것과 부모의 바람 사이에서 내적인 갈등을 겪게 된다. 이 시기의 부모들은 자주 인내와 침착성을 시험하는 상황에 부딪힌다. 아이들은 부모의 친밀하고 내적인 동행을 필요로 하는데, 특히 낯선 환경에서는 더욱 그렇다.

활동 범위가 넓어지면서 아이는 새로운 경험을 통해 세상을 탐색한다

활동 범위가 넓어지면서 아이는 새로운 경험을 통해 세상을 탐색한다

이런 맥락에서 피클러는 **언어의 중요성**을 강조한다. 아직 말을 제대로 하지 못하는 아주 어린아이들도 어른이 명확하고 친절하고 사실적인 언어로 설명을 해 주면, 자신에게 기대되는 상황에 훨씬 잘 적응할 수 있다. 피클러는 어른이 기대하는 행동의 의미와 목적을 간단한 말 몇 마디로 표현하여 상관관계를 이해시키고 어른의 생각과 의도를 알려주기를 권한다. 간단한 말로 설명하는 대신 다른 곳으로 아이의 시선을 돌림으로써 바람직하지 않은 행동을 반복적으로 중단시키는 것은 새로운 문제를 발생시키는 불필요한 일이다. 피클러가 전하는 경험에 따르면, 어려운 상황이 있더라도 다른 곳으로 아이의 시선을 돌리거나 상황과 무관한 말로 위로를 하는 것보다는 상황과 관련

하여 정직하게 말해 주는 것이 아이에게 좀 더 도움이 된다고 한다.

> 예컨대 아이가 탁자에 부딪혔을 때 탁자가 "나쁜" 것이 아니며, 탁자에는 단단한 모서리가 있으니까 주의해야 한다고 말해 준다. 그러면 아이는 아마도 잠깐 멈칫하거나 위안을 얻어, 작은 사고를 잊고 다시 활발하게 움직일 것이다.

이렇게 하는 목적은, 아이들이 시간이 지나면서 기대 행동의 의미를 이해하는 가운데 점점 스스로 판단하는 능력이 자라도록 하는 것이다. 아이 자신의 이해력이 커지면, 아이는 주변 세계를 점점 더 잘 알게 되고, 자신이 더 안전하며 할 수 있는 일이 더 많다고 느낄 것이다.

피클러는 다른 발달 과정처럼 **사회적 발달 과정에서도 아이에게 충분한 시간을 주어야 한다는 것을** 분명히 강조한다. 아이가 새로운 기대 행동을 완전히 수용할 때까지의 길은 멀고도 험하다. 피클러는 자녀에게 너무 많은 것을 요구하지 말고 서서히, 끈기 있게 아이의 발달 정도에 맞추어 점점 넓어지는 세상 안으로 이끌어 주라고 조언한다.

정말로 중요한 소수의 금지 사항만 말해 주어야, 아이가 이를 수용하고 고려하기 쉬워진다. 지나치게 많은 제약을 정해두면, 예컨대 아기가 집안을 탐색하러 돌아다닐 때 자신감을 잃고 주저할 수 있다. 과도한 요구는 실패와 불안으로 이어지기 쉽다.

> *아이 손이 닿는 곳에 전선이나 음향기기가 있을 때, 전선을 당기거나 기기의 단추들을 돌리지 말아야 한다는 것을 기억하고 지키는 것은 어린아이에게는 어려운 일이다.*

아이가 너무 많은 요구 사항을 지키지 않으면서도 자유롭게 움직일 수 있는 환경을 만들어 주면 큰 도움이 된다. 특히 위험하거나 적절하지 않은 물건들이 손에 닿지 않도록 하는 것이 중요하다. 피클러는 아이에게 처음부터 자신만의 분리된 놀이 공간을 마련해 주도록, 그리고 시간이 지나면서 아기의 활동 범위가 넓어지면 함께 넓어지는("함께 자라는") 놀이 공간을 제공하도록 권한다. 이런 공간 속에서 아기는 과한 기대를 고려할 필요 없이 마음껏 놀 수 있다. 그런데 아기가 안전하게 보호받는 가운데 마음껏 움직일 수 있는 독립된 공간은 생후 3개월 내지 4개월부터 마련해 주는 것이 좋다. 그런 공간이 이보다 늦은 시기에 마련되면, 아기는 이미 다른 습관에 젖어 있어서 새로운 습관을 받아들이기가 쉽지 않을 것이다.

아이가 이미 집안 전체를 돌아다닐 만큼 자라도, 아이만의 놀이 공간을 분리해서 설치하면 이 연령에 발생하는 많은 불필요한 문제가 해소될 수도 있다. 아이들은 낮에 정해진 시간 동안 편안하게 쉴 수 있는 휴식처를 갖게 되며, 부모들은 쉴새 없이 "자녀들 뒤를 쫓아다니지" 않아도 된다. 한 가정에 자녀가 여러 명이 있는 경우에는 분리된 놀이 공간이 더욱 중요하다. 그래야 어린 아이는 안정감을 얻고, 좀 더 큰 아이는 방해 받지 않고 놀 수 있기 때문이다.

아기가 어른이 기대하는 모든 행동을 아무런 시행착오도 없이 이행하리라고 기대해서는 안 된다. 어느 정도는 아이가 시행착오를 동반하는 **자신만의 경험**이 있어야 사물의 특성을 이해하고 이를 통해 스스로 판단할 수 있다. 그래서 엠미 피클러는 고장이 나도 상관없는 생활용품을 가끔씩 아이에게 "실험 소재"로 주라고 제안한다.

> *사용하지 않는 전화기, 오래된 열쇠꾸러미, 아이만의 지갑이나 손가방 등은 아이에게 보물과 같은 물건이 될 수 있다. 아이들은 어른이 쓰는 것과 같은 물건을 사용하고 싶어하기 때문이다. 그뿐 아니라 혼자서 위험하지 않게 움직이고 기어오르는 활동을 함으로써 정말 위험한 것이 무엇인지 판단할 수 있는 능력을 갖추는 것이 중요하다.*

핸드북이 출간된 지 60년도 더 지난 오늘날까지 피클러의 조언이 얼마나 시대에 뒤떨어지지 않고 유용한지를 생각하면 감탄할 수 밖에 없다. 오늘날에도 여전히 아이들은 주변을 탐구하는 과정에서 이른바 "실수"를 저질러서 야단을 맞거나 "안 돼!" 하는 말을 듣고 물러서는 경우가 많다. 어떨 때는 아이에게 핸드폰이나 리모컨을 가지고 놀게 하다가 갑자기 같은 놀이를 거친 언어로 금지하는 것처럼 예측 불가능한 반응을 보이는 어른도 여전히 많다.

여전히 많은 어린아이들이 수많은 요구와 금지 사항에 둘러싸인 채로 살고 있다. 어른들이 아이의 욕구와 성장 정도를 제대로 고려한다면, 아이들이 따르기도 힘겨운 이런 요구와 금지 사항들을 내세우는 일은 피할 수 있을 것이다. 오늘날에는 심한 갈등 없이도 공동체의 기대를 이해하기 쉽게 전달해 줄 교육 문화를 갈망하는 부모들이 그 어느 때보다 많다.

다음 부분에서 우리는 여러 가지 기대 행동의 중요도, 그리고 아이들과 함께 하는 일상 속에서 이런 기대 행동을 어떻게 처리해야 할지 언급하려 한다. 바람직한 행동에 대한 기대와 바람을 원만한 방법으로 아이에게 전달한다는, 쉽지 않은 교육적 과제를 실천할 때는 우리가 아이에게 기대하는 모든 행동이 동일한 중요성을 갖고 있지는 않다는 것을 알고 있으면 과제의 해결에 도움이 될 것이다.

4. 기대 행동의 단계

어른들이 아이에게 기대하는 여러 행동은 그 성격과 중요도가 각기 다르다. 그러니 기대 행동에도 서열이 있다고 이야기할 것이다. 아이에 대한 기대를 표현하거나 요구하는 방법은 그 기대에 담긴 의미에 따라 달라진다. 어느 기대의 중요성에 대해서는 수없이 많은 미묘한 차이가 있고, 여기에는 문화적 차이와 한 가정에서 각자가 가지는 생각도 중요한 역할을 한다.

우리는 편의상 여러 가지 기대 행동을 세 영역으로 분류하고자 한다. 첫 번째 영역에 속하는 것은 **절대적인 기대 행동의 영역**이다. 이는 무조건 준수해야 하는 것으로, 이른바 "적색 규칙들"이다. 두 번째로는 "분홍색 규칙들"에 속하는 **절대적이지는 않은 기대 행동의 영역** 있는데, 준수 여부에 어느 정도 융통성이 있는 것들이다. 세 번째 영역은 "청색 규칙들"인데, 이는 **미래의 성숙과 성장**을 위한 것이므로 규칙으로는 요구할 수 없는 것들이다.

이 외에도 우리의 기대 행동들이 충족되리라고 예상하는 시기에 따라, 지금 당장("적색"), 가까운 시일 내에("분홍색"), 아이의 먼 장래에("청색") 충족될 것 등으로 나누어 볼 수도 있다.

이런 구분은 일정한 기준을 제시하는 것일 뿐이다. 즉, 한 영역 안에도 여러 단계가 존재하므로, 적색과 분홍색 영역 사이는 분명한 단절 없이 이어진다.

"적색 규칙"

적색 규칙들은 무조건적인 것이므로 엄격하게 준수해야 한다. 이 규칙들은 당사자인 아기를 보호할 뿐 아니라 피해를 입을 수 있는 다른 아이를 보호하는 역할을 한다. 이 중 일부는 너무나 중요해서, 아주 어렸을 때부터 이를 위반하지 못하도록 해야 한다.

아이와 부모를 위해 놀이공간을 분리한다

열려 있는 창문의 창틀 위에 올라가거나, 인도로 걸어가다가 찻길로 뛰어가거나, 콘센트에 손가락을 넣는 것 등을 금지해서 심각한 위험을 방지한다.

아이들의 이런 시도는 적극적이고도 분명하게 금하고, 그 이유를 설명해 주어야 한다. 아이가 아예 위험 요소에 다가갈 수 없도록 하여 그런 위험을 물리적으로 차단시켜 놓으면, 여러 번 금지의 말을 하거나 강제할 필요가 없어진다.

콘센트에 어린이 보호 장치를 부착하거나 콘센트를 아이들의 손이 닿지 않는 곳에 설치하고, 층계 앞에 아이들이 넘지 못하는 울타리를 고정시켜 놓는다. 실내 공간을 분리하는 시설로 위험을 방지할 수도 있다(40쪽 사진 참조). 아이에게 뜨거운 다리미 가까이에 오지 말라고 요청하는 필요하지만, 아이가 화상을 입는 것을 미리 막아야 한다.

아이가 미숙함으로 인해 자신이나 남에게 피해를 입히는 일에 대한 책임은 부모에게 있으며, 아이에게 책임을 전가해서는 안 된다.
적색 영역에 속하는 기대의 내용을 정할 때는, 그것을 위반하더라도 어느 정도 안전의 여지가 남아 있도록 하는 것이 도움이 되는 경우가 많다.

> 만 2세 6개월이 된 니나Nina의 엄마가 아이들과 산책을 나가려고 현관에서 니나의 남동생을 유모차에 앉히고 있다. 니나는 현관문을 열고 혼자서 찻길로 뛰어나가는 버릇이 있다. 그래서 엄마는 니나에게 모두 나갈 준비를 끝내기 전에는 현관문을 열지 말라고 말하고, 니나가 이 기대 행동을 지키도록 신경을 쓴다(그렇게 말해 두는 것으로 충분할 수도 있고, 아니면 잠시 현관문을 잠가 둬야 할 수도 있다). 니나의 엄마는 본래의 위험한 상황보다 한 걸음 앞서 니나가 넘지 말아야 할 경계를 설정해 놓은 것이다. 이로써 니나가 어쩌다가 현관문을 열려고 하더라도, 엄마는 니나를 활짝 열려 있는 현관문 앞에 서서 기다리도록 할 때보다는 훨씬 편안하게 반응할 수 있게 된다.

아무리 노력해도 완전히 방지할 수 없는 일도 많다. 예컨대 우리는 다른 아이를 깨무는 행위를 용납하지 않는다. 하지만 이를 적기에 막지 못할 때도 있다. 한 아이가 다른 아이를 깨무는 일이 발생하면 우리는 즉각적으로 개입하여, 아이 자신이 근본적으로 중요한 경계를 넘었다는 사실을 느끼도록 매우 엄격하게 이야기한다. 남을 깨무는 행위가 여러 번 발생하면, 어떤 상황에서 이런 일이 일어나는지 살펴보아야 한다. 아이가 형제들 사이에서 과도한 부담을 느끼거나 질투하는 것이 이유가 될 수도 있다. 또는 어린 아기가 좀 큰 아이에게서 공포를 느끼며 자신을 보호하려는 의도에서 보인 반응일 수도 있다.

 우리는 아이가 처한 상황을 개선하려 노력한다. 하지만 아이를 이해하고 원인을 없애기 위해 노력하더라도, 남을 깨무는 행위를 허용하지는 않는다. 그렇지만 이러한 행동의 원인을 찾을 수 없는 경우도 있다. 아이에게 수치심을 주거나 심하게 꾸짖지 않으면서도 이런 문제 행동을 방지하도록 시도해야 한다.
 중요한 기대 행동 가운데 많은 것은 어른들이 구체적으로 말로 하지 않아도 이를 거의 무의식적으로 내면화시킨다. 아무런 말이 없이도 어른의 내면적인 확신을 분명하게 감지하여 이를 자동적으로 수용하는 것이다.

> 피클러 크리페에서 지내는 아이들은 날이 따뜻하면 마당에 나가 수도꼭지에서 떨어지는 물을 넓적한 물통에 받아 놓고 물장난을 하며 논다. 여러 가지 모양의 그릇에 물을 받아서 다시 쏟아 버리거나 다른 그릇에 옮겨 담는다. 이런 과정에서 간혹 한 아이가 그릇에 담긴 물을 다른 아이 위에 쏟아버리는 일이 발생한다. 물벼락을 맞은 아이는 대부분 깜짝 놀라며 짜증을 내

게 된다. 따라서 보육교사들은 친구들에게 물을 붓지 말라고 요청하지만, 교사들의 바람이 항상 지켜지지는 않는다. 하지만, 식탁에 둘러앉아 식사를 할 때는 그런 요청이 없어도 어느 누구도 다른 아이에게 우유를 붓지 않는다. 이런 상황에서는 보육교사들의 기대가 너무나도 확실해서, 아무 말 없이도 아이들에게 전달되는 것이다. 지금까지 로치에서는 층계에 서서 다른 아이를 밀치거나 계단 아래로 구르게 하는 사건은 단 한 번도 일어난 적이 없다. 아이들은 상대방을 위험에 빠뜨리지 않는 것이 무척 중요하다는 보육교사의 강한 확신을 감지하는 것이다.

어른들은 말이나 다른 방법을 통해 아이가 문틈에 손가락을 넣지 않고, 쓰레기통 속에 있는 것을 입에 넣지 않고, 걸을 때는 인도로 걷고, 자동차를 타고 있을 때에는 안전벨트를 풀지 않게끔 해야 한다.
 어른이 아이 앞에서 인위적으로 거칠거나 적대적으로 행동할 필요는 없다. 오히려 조용하고 분명하고 당당한 행동을 통해, 아이에게 자신의 요구가 심각한 것이며, 꼭 지키기를 원한다는 사실을 보여 주어야 한다. 이런 뜻을 가지고 분명한 행동을 하는 것은 처음에는 번거롭게 느껴질 수도 있지만, 아이에게는 행동 기준을 전달하고 안정감을 준다. 반면, 규칙을 반복적으로 말하면서도 실제로는 적극적으로 개입하지 않는 태도는 아이를 혼란하게 한다.

여러 가지 적색 기대는 아이가 예상할 수 없는 위험에 처하지 않도록 하는 것들이므로 논란의 여지가 없다. 그런데 적색 영역에 속하는 기대라고 해도 모두가 동일하게 절대적인 성격을 띠지는 않으며, 그 중요성은 각기 다르다. 하지만 적색 규칙의 영역에서는 "분홍색 기대"에 비해 타협의 여지가 작다. 절대적인 기대가 분명하고 지속적으로, 그리고 타당한 방법으로 전달된다면, 시기의 차이는 있더라도 아이들도 대부분 이를 받아들이게 된다.

"분홍색 영역에 속하는 기대"

또 다른 영역의 기대는 절대적이지 않은 성격의 기대이다. 여기에 속하는 것은 수없이 많으며, 아이가 이 모든 것을 지금 당장 준수하지 않더라도 "큰일나는 것"은 아니다. 여기에서 관건은 사회적으로 인정받는 행동 양식의 습득이며, 부모와 자녀 간의 허용과 한계에 관한 타협도 중요한 부분이다. 이 영역에서 우리는 무언가 양보할 수 없는 것이라는 느낌을 주는 "규칙"이라는 개념을 사용하지 않고, 이보다 좀 더 유연한 성격을 강조하는 "기대"에 대해서만 이야기한다.

빵으로 식사를 할 때만 해도 기대되는 행동은 매우 많다. 아이들은 시간이 가면서 조금씩 이를 내면화시킨다. 빵은 접시 옆에 놓지 않고, 버터가 발라져 있는 면이 위로 향하게 놓아 두며, 옆 사람의 접시에는 손을 대지 않고, 입에 들어갔던 음식은 다시 꺼내지 않으며, 잼이나 빵에 펴 바르는 햄이 든 병에는 손을 넣지 않고, 주스는 식탁에 쏟지 않고, 나이프나 포크로 찻잔 속을 휘젓지 않아야 한다.

우리는 아이가 우리의 행동을 보면서 점차 사람들이 원하는 행동양식을 배우기를 기대하지만, 하루 아침에 모든 식탁 예법을 익히리라고 생각하지는 않는다. 우리는 우리의 기대를 다양한 방식으로 반복하여 표현하며, 아이에게 너무 많은 기대가 한꺼번에 몰리지 않도록 상황을 조절한다.

아이가 식사를 할 때 많은 기대로 인해 부담을 갖는 경우에는, 음식과 식사 도구의 가짓수를 줄이거나 식사량에 변화를 주어 아이의 심적 부담을 줄일 수도 있다. 우리가 이렇게 도와주면, 아이는 점차 우리가 생각하는 방향으로 행동할 것이다. 우리는 아이가 잼이 든 병에 손을 대는 모습을 보면 반응하지만, 이 경우 우리의 반응은 적색 영역과 연관된 일에 대한 반응처럼 즉각적이고 단호하지는 않다.

아이들은 부모가 원하는 행동이 어떤 것인지 알고 있더라도 막상 자신의 충동을 억제하기란 쉽지 않다.

실내에서 키우는 화분 식물의 잎사귀를 떼거나 화분 흙에서 어떤 맛이 나는지 궁금한 마음을 억제하는 것은 아이에게 어려울 수 있다. 특히 도와줄 어른이 없는 공간에서 혼자 유혹에 놓여 있을 때에는 더욱 어렵다.

사람들은 이런 상황에서 아이가 어른의 부재를 악용한다는 인상을 받을 수도 있다. 하지만 아이의 행동은 겉으로 보기에만 영리하게 보일 뿐, 실제로 이 시기의 아이는 자신의 충동을 스스로 통제할 정도의 발달에 도달하지 못했을 따름이다.

*수세Suse*는 며칠 전 자신이 뒤꿈치를 들고 서면 거실에 있는 시디 선반에 손이 닿아 시디를 꺼낼 수도 있다는 사실을 알게 되었다. 뿐만 아니라 케이스를 열고 반짝거리는 시디를 꺼내는 것도 성공했다. 신이 나서 시디를 들여다보고 있을 때, 아빠가 들어와 시디를 다시 집어넣었다. 아빠는 수제에게, 시디를 이렇게 다루면 흠집이 생기며, 시디는 엄마와 아빠의 것이고, 시디는 선반에 놔두어야 한다고 설명했다. 시디를 손에 넣어 보

려고 몇 차례 시도하다가 부모에게 제지당하고 나서, 수지는 시디를 선반에 놔두라는 부모님의 기대를 알게 되었고, 다른 물건을 가지고 놀게 되었다. 그러던 어느 날 거실에 혼자 있게 된 수지는 다시 시디 선반으로 가서 잠시 머뭇거리다가 시디를 꺼낸다. 수지는 자신과 싸움을 했지만, 아직까지는 시디를 꺼내 가지고 놀고 싶은 유혹이 너무 커서 마음을 다스릴 수가 없었다.

"이거 가지고 놀아도 돼요?"

우리가 아이들과 함께 이야기를 나누는 대부분의 기대는 분홍색 영역에 속한다. 최종적으로 우리가 아이에게 기대하는 것은 교양 있고 예의 바른 행동 양식이지만, 아이에게는 그런 행동 양식을 다양한 방법으로 실험해 볼 여지를 남겨 준다. 우리의 기대는 아이에게 기준과 허용 범위를 제공하며, 아이는 그 범위 안에서 자신에게 주어진 여지가 얼마나 될지 가늠할 수 있다. 아이는 이런 요구가 어른들에게 얼마나 중요한 것인지를 때로는 재미 삼아, 때로는 진지하게 시험하며, 자신이 이를 어기면 어른들이 어떻게 반응하는지도 시험해 본다.

아이가 엄마의 말을 듣지 않고 신발을 신고 침대로 올라가거나 전등 스위치를 껐다 켜기를 반복하면서 엄마의 표정을 살펴보는 것은, 엄마의 기대를 이해하긴 했지만, 이런 행동을 할 때 엄마의 반응이 어떨지 알아보기 위해 기대에 응하지 않는 것임이 분명하다.

루카스Lukas는 할아버지 댁을 방문했다. 할아버지는 식탁에 앉아 종이 위에 색연필로 기다란 줄을 그리고 계셨다. 루카스는 이미 그림을 그려 본 경험이 있어서, 그림은 종이 위에 그려야지, 다른 곳에 그려서는 안 된다는 것을 알고 있다. 하지만 종이 위에 선을 긋기 시작한 루카스는 종이를 넘어 식탁 위에 색

연필이 칠해질 때까지 계속 선을 그으면서, 무언가를 기대하는 눈으로 할아버지를 쳐다보았다. 할아버지는 손자의 도전을 감지했지만, 이에 직접적인 반응을 보이지 않고 그저 이렇게 말했다. "어, 우리 이거 닦아야겠구나. 그림을 그릴 때는 종이 옆에는 그리지 말고, 종이 위에만 그려야지. 그건 너도 잘 알고 있지? 안 그러면 식탁이 완전히 알록달록해지니까. 네가 계속 그림을 그리고 싶다면, 식탁 위에 신문지를 깔아 놓아야겠다." 루카스는 할아버지가 자신의 행동에 화를 내지 않는다는 것을 느끼고는, "시험적인" 행동을 중단하고 편안하게 계속 그림을 그렸다. 만약 루카스가 고의로 계속 식탁 위에 그림을 그렸다면, 할아버지 또한 그림 그리기를 중단시키고 다른 것을 하도록 제안했을 것이다.

언어는 분홍색 영역에 속하는 기대를 전달하고 부모와 자녀 간에 협상하는 과정에서 매우 중요한 가치가 있다. 언어는 아이들을 새로운 상황에 준비시켜 협조하도록 하는 데 반드시 필요하다.

자녀에게 겉옷을 입으라고 요구하기에 앞서, 조금 있다가 어디로 갈 것이고 무엇을 하려는지를 아이에게 말해줌으로써, 아이가 상황의 변화에 적응할 수 있도록 할 수 있다.

아이와 협상을 할 때, 원하는 대로 하고 싶어하는 아이를 상대로 어른이 "커다란 소리로 생각하는 것", 즉 생각하는 바를 확실하게 말해주는 것이 어른의 기대를 알리는 데 도움이 된다. 그렇게 하면, 아이는 어른이 제멋대로가 아니라 진지하게 생각을 하면서 결정을 내린다는 것을 알게 된다. 그리고 아이는 자신의 바람에 대한 근거를 몇 가지 더 생각해 내거나 어른의 의견을 이해할 기회도 얻게 된다.

만 3세인 된 클라라는 아빠와 함께 기차역으로 할머니와 할아버지를 마중 나가고 싶어한다. 시간은 클라라가 보통 낮잠을 자는 점심 무렵이다. 클라라의 부모는 자신들이 우려하는 바를 이야기한다. "오후가 되면 넌 굉장히 졸릴 거야. 기차역까지 가려면 오랫동안 자동차를 타야 하고, 어쩌면 차에서 잠이 들 수도 있어. 그럼 많이 불편할 거야." 클라라는 이에 대해, 자신은 할머니와 할아버지를 만날 수 있어서 아주 많이 기쁘고, 기차도 직접 보고 싶고, 자동차를 오랫동안 타도 괜찮다는 등의 반론을 제기한다. 클라라의 엄마 아빠가 어떤 결정을 내리든, 이런 의견 교환은 양측 모두 상대방의 바람과 걱정을 좀 더 이해할 수 있도록 도와준다.

때로는 우리가 기대하는 것이 무엇인지를 분명히 말하는 것이 좀 더 바람직할 때도 있으며, 때로는 이를 간접적으로 표현하는 것이 아이들에게 도움이 될 때도 있다. 어른들이 기대하는 바를 표현할 때 단어 선택에 따라 어감이 달라질 수도 있다. 기대하는 바를 간접적으로 표현하여 아이가 자신의 행동이 비난 받고 있다는 느낌을 받지 않도록 해 줄 수 있다.

> 우유를 마시다가 컵 속에 손을 집어넣은 아이의 손을 닦아주며 "손이 젖었구나. 내가 닦아 줄게." 하고 말할 수 있다. 또 다른 예로 실수로 땅에 떨어뜨린 사과를 주워먹으려는 아이에게 땅에 떨어진 음식은 주워먹지 말라고 지시하는 대신 이렇게 말할 수 있다. "사과가 땅에 떨어졌구나. 사과를 더 먹고 싶으면 새 것을 갖다 줄게."

아이는 이런 말을 통해 객관적인 정보를 제공받는다. 이런 객관적인 정보는 무언가를 제한하거나 요구하는 표현 없이도 아이로 하여금 기대 행동이 무엇일지 추측하게 만든다.

> 사물을 중심에 두는 말로 기대를 표현할 때, 아이가 행동의 기준을 좀 더 명확하게 파악하는 경우가 있다. "윗옷을 아무데나 놔두지 마."라고 말하는 대신, "윗옷은 저기 옷걸이에 걸려 있

어야 해. 너도 잘 알지?"라고 말하거나, "유리컵을 똑바로 들어야 해."라고 말하는 대신, "봐, 주스가 쏟아지겠다."라고 말하면, 좀 더 분명하게 전달된다.

다음의 예에서 볼 수 있듯이 정확한 표현을 선택하는 것도 중요한 의미가 있다.

> 식사 시간에 아이가 실수로 숟가락을 떨어뜨릴 때마다 아이에게 "괜찮아."라고 말한 엄마가 있었다. 얼마 후 아이는 고의로 숟가락을 바닥에 떨어뜨리기 시작했고, 그때마다 엄마를 흉내 내면서 "괜찮아."라고 말했다. 식기를 바닥에 떨어뜨리는 것이 아이에게는 일종의 놀이가 된 것이다. 이를 통해 엄마는 자신의 표현이 정확하지 않았으며, 그런 말로는 식기를 되도록 식탁에 놓아두기를 바라는 자신의 기대가 아이에게 올바르게 전달될 수 없었다는 것을 깨달았다.

사회적 학습이라는 과정을 통해 아이는 사람들이 자신에게 기대하는 행동의 내용을 배울 뿐만 아니라, 공동체 안에는 기대라는 것이 존재한다는 사실 자체도 배운다. 공동체의 습관은 집안이나 환경에 따라 각기 다를 수 있다.

할아버지 집에서는 모두들 거실에서 신발을 신고 다니는데, 자기 집에서는 현관 앞에 신발을 벗어 둔다. 친구네 집에서는 식사를 할 때 모든 사람이 식사를 끝낼 때까지 자리에 앉아 있는데, 자기 집에서는 식사를 끝낸 사람은 언제나 자리에서 일어난다. 어떤 가정에서는 엄격하게 공동의 식사 시간에만 먹지만, 어떤 가정에서는 간식을 먹기도 한다. 집에서 놀 때는 자신만의 장난감이 있는데, 유치원에서 놀 때는 장난감 대부분을 다른 아이들과 의견을 조율하여 함께 가지고 놀아야 한다.

이런 경험을 통해 아이들은 다양한 사회 관계 속에서의 다양한 기대를 감지하는 법, 그리고 어느 정도의 융통성을 가지고 그 기대를 대하는 법을 배운다.

부모의 반응에서 아이는 다양한 등급의 적색 규칙과 분홍색 기대의 중요도가 제각기 다르다는 것을 감지한다. 아이가 매우 중요한 규칙, 즉 적색 규칙을 어기면, 부모는 즉시, 그리고 단호하게 반응한다. 반면에 어느 정도 타협의 여지가 존재하는 경우, 부모는 아이의 행동에 대한 찬반을 심사숙고하면서, 그 상황에서 양측 모두가 받아들일 수 있는 길을 아이와 함께 찾을 것이다. 어떤 기대가 얼마나 중요한지를 아이가 인지하게 되려면, 각각의 기대마다 부모의 반응이 차등이 있어야 한다. 예컨대 아이가 다른 사람의 눈에 모래를 뿌릴 때와 액체

비누가 든 통을 실수로 여러 번 눌러서 너무 많은 비누가 나왔을 때, 부모가 동일한 반응을 보인다면, 아이는 기대 행동의 중요도에 관한 기준을 배울 수 없을 것이다.

갈등

어느 정도 타협의 여지가 존재하는 분홍색 영역의 경우에는, 적색 영역보다 더 많은 갈등이 어른과 아이 사이에 일어날 수 있다. 갈등이란 서로 다른 의지 표명 또는 두 개의 이해가 대립하는 상황을 뜻한다. 아이가 어른의 기대를 충족하지 않거나 어른의 의지를 거역하는 것이다.

어른들은 보통 갈등을 좋아하지 않으므로 갈등을 피하려 시도한다 (물론 때로는 아이들도 갈등 상황이 편치는 않다). 갈등은 아주 부담스럽고 고통스러울 수 있기 때문에, 누구도 그런 상황을 원치 않는다. 하지만 그런 갈등 상황이 건강하게 성숙해 가는 과정의 일부임을 아는 것이 중요하다. 아이는 자라는 과정에서 군인처럼 복종만 하지는 않으며, 자신의 바람을 표현한다. 갈등 상황이란 자신의 의도를 표현하고 관철하려 하고 있음을 뜻하기도 한다. 그리고 그 과정에서 아이는 때로는 성공을 거두고, 때로는 아무런 성과 없이 머물기도 한다.

> 예를 들어 협상을 거쳐 아이는 디저트를 좀 더 먹도록 허락 받
> 거나 평소보다 15분 늦게 잠자리에 든다. 또 부모를 설득해서
> 놀이터에서 예정보다 좀 더 놀기도 한다.

이런 의미에서 갈등과 해법을 체험하는 것은 아이와 어른 모두에게 건설적인 일일 수 있다.

아이로서는 때로는 자신의 뜻대로 어른을 움직일 수도 있음을 체험하는 것이 중요하다. 또 그런 체험을 통해 어른은 상황이 허락하는 경우 아이의 바람에 맞추어 어느 정도 여지를 주는 법을 배울 수 있다.

> 장을 보러 가는 길에 아이가 벽에 달라붙은 딱정벌레를 관찰하
> 고 싶어하면, 어느 정도 시간을 주어도 시장에 다녀올 수 있다.
> 아이가 잠자리에 들기 전에 그림을 마무리하고 싶어하면, 그렇
> 게 하도록 허락할 수도 있다. 호수에 들어가서 수영하기에는
> 날씨가 좀 춥더라도, 아이가 맨발로 호숫가에서 노는 정도는
> 허락할 수 있다.

이런 맥락에서 어른은 자신의 목표를 포기하지 않으면서도 아이의 바람을 들어줄 수 있다.

갈등 상황에서 아이와 어른 모두에게 만족스러운 해결책이 나오면 양쪽의 관계는 더욱 긴밀하고 바람직해진다.

하지만 갈등은 때로 당사자의 마음에 상처를 주고, 긍정적인 방향으로 해결되지 않으며, 아이와의 일상을 주도하고, 이로 인해 아이와 어른의 내적 안정감을 흔들기도 한다. 이런 경우 갈등은 파괴적으로 작용해서 상처를 주거나 어른과 아이의 조화로운 관계를 방해할 수 있다. 특정한 상황에 처할 때마다 매일 갈등이 반복되는 것이 그런 경우다. 식사를 할 때마다 심한 갈등이 생긴다면, 그 원인에 대해 생각해 보아야 한다. 식사를 적절한 시간에 하고 있는지, 식사 시간에 아이에게 너무 어려운 것을 기대하지는 않는지, 그런 과도한 기대를 조금 줄일 수는 없을지 등을 생각해 보아야 하는 것이다.

이렇게 "이미 자리잡은" 갈등을 해결하려면 어느 정도 시간을 들여 많이 고민하고 여러 면으로 노력해야 할 것이다.

> 요한네스*Johannes*와 야콥*Jakob*은 발달 상황이 매우 다른 쌍둥이다. 두 살 된 쌍둥이 가운데 야콥은 가족들과 함께 식탁에 앉아 맛있게 식사를 한다. 반면에 요한네스는 다른 사람의 접시나 그릇에 손가락을 집어넣거나 손에 묻은 음식을 식탁이나 옷에 문지르며, 주위에서 일어나는 일에 정신이 팔려 음식을 제

대로 먹지 못했다. 부모는 자칫하면 일어날 수도 있는 사고를 막고, 요하네스에게 야단을 치고, 틈나는 대로 요하네스에게 무언가를 먹이면서 자신들도 식사를 하느라고 힘겨워했다. 식탁에서의 긴장과 소란스러움은 온 가족에게 점점 더 큰 부담이 되어 갔다. 마침내 부모는 함께 식사하는 것이 요하네스에게는 과도한 요구임을 깨달았다. 그래서 요하네스의 엄마 아빠는 다시 한동안 다른 식구들이 식사하기 전 조용한 시간에 둘 중 한 사람이 요하네스의 식사를 도와주었다. 식사를 먼저 마친 요하네스는 다른 식구들이 식사를 하는 동안 이들 곁에서 평화롭게 놀았다.

형제들 간의 갈등은 매우 심한 정도까지 깊어질 때가 많으며, 함께 지내는 사람들까지 힘들게 한다. 갈등 상황은 아이들이 부모의 관심을 둘러싸고 경쟁을 벌이거나 가족 내에서 자신의 자리를 찾으려 할 때 흔히 일어난다. 형제들 간의 갈등은 "어른들이 보기에" 공평한 방향으로만 풀어야 하는 것이 아니라 두 아이가 모두 만족하는 방향으로 푸는 것이 관건임을 알아두는 것이 중요하다.

네 살이 된 시몬Simon은 아침에 집을 나설 때마다 엄마에게 두 살짜리 여동생 리사Lisa보다 자신에게 먼저 신발을 신겨 달라고 떼를 쓴다. 물론 시몬은 혼자 힘으로 신발을 신을 수 있지만, 동생과 함께 집을 나서는 경우에는 꼭 엄마에게 도와 달라고 하며, 반드시 자신에게 먼저 신발을 신겨 달라고 고집을 부리는 것이다. 엄마는 시몬에게 먼저 신발을 신겨 주는 것이 리사에게 공평하지 않은 일이라고 생각한다. 엄마는 둘을 번갈아 가면서 먼저 신발을 신겨주고 싶으며, 그보다 시몬이 혼자 힘으로 신발을 신으면 좋겠다고 생각한다. 시몬은 가끔씩 엄마가 신발을 신자고 불러도 오지 않고, 마치 아무 것도 못 들은 것처럼 자기 방에서 계속 논다. 이럴 때면 엄마는 평소보다 더 힘들어진다. 이 경우 리사에게 먼저 신발을 먼저 신겨주면, 시몬은 잔뜩 화를 내면서 뛰어와서는 리사가 신발 신는 것을 방해한다.

이런 상황은 거의 날마다 조금씩 다른 모습으로 반복된다. 시간까지 촉박한 가운데 이런 상황이 벌어지면, 엄마는 차분하게 행동하기가 힘들어진다. 시몬을 자주 혼내 보기도 하지만, 상황은 달라지지 않는다. 엄마는 고민 끝에 종전과 다른 방식으로 대처하기로 결심한다. 집을 나설 때 엄마는 시온에게 가까이 가서 상냥하고 진지한 목소리로, 이제 신발을 신어야 하니까 현관으로 나오면 동생보다 먼저 신발을 신을 수 있다고 알려 준다. 시몬이 엄마의 말을 따르지 않으면, 엄마는 먼저 리사가 신을 신는 것을 도와주며, 시몬은 그야말로 차례를 기다려야 한다. 시몬이 화를 내며 반응을 보이더라도 엄마는 시몬을 야단치지 않고, 네가 원한다면 내일은 첫 번째로 신발을 신을 수 있다고 이야기해 준다. 그렇게 며칠이 지나자 시몬은 엄마가 자신의 바람을 존중해 주긴 하지만, 바라는 대로 되려면 스스로도 자기 역할을 해야 한다는 것을 이해한다. 그때부터 시몬은 엄마가 부르면 곧 현관으로 나와 동생보다 먼저 신발을 신는다. 엄마도 처음에는 시몬이 항상 먼저 신발을 신는 것에 대해 리사가 불공평하다고 느끼지 않을까 염려한다. 하지만 리사는 이에 대해 조금도 화를 내는 기색이 없다. 그 시기의 리사에게 이런 "경쟁"은 관심의 대상이 아니다.

어른들이 때로는 갈등이라고 겪는 모든 것이 근본적으로 진정한 갈등인 건 아니다. 아이는 어른의 기대를 가지고 짓궂은 장난을 시작할 때도 있는 것이다.

목욕을 시키면서 아이에게 왼쪽 팔을 달라고 해도, 자꾸만 아이는 이미 비누칠이 되어 있는 오른쪽 팔을 내민다. 어른이 자신을 부르는데도 어른이 있는 곳과 반대 방향으로 뛰어가면서 주위를 쳐다보며 깔깔거리기도 한다. 아빠가 신발의 오른쪽과 왼쪽이 바뀌었다고 설명해도, 아이는 능청스러운 표정을 지으며 반대쪽 신발에 발을 집어넣곤 한다.

이렇게 어른이 기대하는 바를 재미 삼아 거부하는 행동에는 아이의 장난기 어린 태도, 짓궂은 도전이 내재되어 있다. 아이들은 자신과 가까운 어른 앞에서만 재미 삼아 "말을 듣지 않는" 행동을 한다. 따라서 이것은 친밀함을 나타내는 방법인 것이다. 이런 행동을 통해 아이는, "난 내가 당신의 말을 이해했다는 것을 당신이 알고 있다는 걸 알고 있어요."라는 메시지를 전한다. 하지만 아이는 여러 가지 기발한 방법으로 어른이 기대하는 것과 정확히 반대되는 행동을 한다. 이런 상황이 재치 있게 해결될지, 아니면 심각한 갈등으로 번져 갈지는 어른의 반응에 달렸다. 이런 상황에서 어른은 한 동안 장난기 어린 행동을 받아주다가 다시 본래 자신이 원하던 방향으로 아이의 행동을 유도할 수도 있다.

> 만 세 살이 된 헬레네Helene는 얼마 전부터 유치원을 다니기 시작했다. 헬레네는 엄마가 유치원에 데리러 오면 깔깔거리며 문 뒤에 숨는다. 엄마가 깜짝 놀라는 척하면서 문 뒤에 숨어있는 딸아이를 찾아내면, 헬레네는 욕실로 달려가 또다시 숨바꼭질 놀이를 한다. 엄마는 아이가 집으로 갈 준비를 하려면 어느 정도의 시간이 필요하며, 아이가 이런 숨바꼭질 놀이를 통해 엄마

와 다시 만난 기쁨을 표현한다는 것 또한 알고 있다. 하지만 엄마는 아이가 좋아하는 숨바꼭질 놀이를 오랫동안 계속 할 수 없다. 집으로 돌아갈 시간이 되기도 했고, 헬레네가 이런 놀이를 계속 하도록 놔두면 다른 아이들에게 방해가 될 수도 있기 때문이다. 엄마는 아이와 두세 번 숨바꼭질 놀이를 하고 나서, 진지한 표정으로 헬레네에게, 이제 돌아갈 시간이 되었다는 것과, 집에 가서 무엇을 할 것인지를 이야기한다. 엄마는 아이를 옷장 앞 의자에 앉히고 윗옷을 입힌다. 헬레네는 다시 한 번 달아나려 하지만, 엄마에게 저지당한다. 그리고 나면 헬레네는 의자에 앉아 윗옷 위로 얼굴을 쏙 내밀면서 깍꿍 놀이를 시작한다. 엄마는 기분 좋은 얼굴로 잠시 깍꿍 놀이를 함께 해 준다.

위의 경우와는 달리 어른이 잘못된 기대를 할 때, 아이는 이에 대해 저항할 권리가 있다.

아이가 이미 배가 부른데도 자기 몫의 채소를 전부 먹으라고 요구할 수는 없다. 만으로 세 살 된 아이가 매번 자기 방을 혼자 힘으로 정리하거나 항상 혼자 힘으로 옷을 입도록 기대하는 것은 현실적으로 힘들다. 아이가 이미 방 정리를 하거나 옷을 입을 수 있고, 가끔씩은 이를 즐겨 하더라도, 이를 당연한 과제로 요구하는 것은 아이에게 무리가 된다. 또한 부모가 아직까지 아이가 혼자서 이웃에 사는 친구 집에 찾아갈 수 있다고 생각하지 않더라도, 실제로는 아이가 이를 충분히 해낼 수 있는 경우도 있다.

이런 갈등을 계기로 부모는 아이에 대한 자신의 생각과 기대에 대해 다시 한 번 숙고해 볼 수 있다.

하지만 부모와 아이 간에는 좀처럼 피해가기 어려운 갈등도 있다. 예컨대 부모가 무엇을 기대하는지 알면서도, 아이가 이런 정당한 기대를 충족시키려 하지 않는 경우가 있다. 친구 집에서 놀다가 장난감 자동차를 돌려주지 않고 집으로 가져오려고 하거나, 놀이터에서 떠날 생각을 하지 않는 경우가 그렇다. 이런 상황으로 인해 힘든 일이 생길지 여부는 양측의 "갈등 당사자"들이 그 상황에서 빠져나오는 방법에 달려있다. 이런 상황을 해소해 줄 만병통치같은 해법은 없다. 아이들에게 협상을 할 기회를 줌으로써 아이들이 어른의 기대를 자신이 원하는 방향으로 다소 변형시킬 수 있도록 해 주는 것이 갈등 해소에 도움이 되기도 한다. 예컨대 친구의 장난감 자동차를 돌려주지 않으려는 아이에게 자동차를 "주차시킬 자리"를 선택하여 주차를 시켜 놓고 집에 가도록 하거나, 놀이터를 떠나기 전에 미끄럼틀을 두 번만 더 타도록 해 주는 것도 도움이 된다.

하지만 이런 상황을 끝내는 것은 어쨌든 어른이 해야 할 과제이다. 어른은 아이에게 기대하는 바를 알려주고, 가능하면 아이가 바라는 것을 조금 허용하여 과도기적 과정을 만들어 준다. 하지만 때로는 조심스럽게, 때로는 분명하게 아이에게 자신의 인내의 한계를 암시하면서, 최종적으로 자신이 아이에게 기대하는 것을 관철시키는 사람 또한 어른이다. 이런 상황에서 특히 어른이 적절한 시간 내에 자신의 기대에 대해 분명한 태도를 보이지 않으면서 아이가 무조건 협조해 주기를 기대할 수는 없다. 간혹 아이의 협력을 구하지 못한 상태로 상황을 끝내야 할 때도 있다. 예컨대 아이가 부모에게서 어느 정도의 양보를 받고 합의를 하고 나서도 놀이터에서 계속 놀려고 하면, 아이를 번쩍 안아 들고 집으로 데려갈 수 있다. 이렇게 분명하고 일관성 있는 행동을 할 때에도 어른은 몸짓이나 말을 거칠게 해서는 안 된다.

이런 상황은 아이가 좌절을 감당하는 힘이 전반적으로 약해져 있거나 평소보다 예민하고 불안한 상태일 때 한꺼번에 나타나는 경향이 있다. 특히 아이가 졸리고 배가 고프거나 몸이 아프기 시작할 때 위와 같은 상태가 되는 경우가 많다. 하지만 아이의 신변 상태가 이유가 될 때도 있다. 이사, 부모의 이혼, 새로 태어난 동생에 대한 질투와 같은 신변의 변화는 아이를 평소보다 예민하고 변덕스럽게 만들 수 있다. 그러므로 현시점의 갈등만을 주시하는 데에 그치지 말고, 아이의 신변 상태를 떠올려 보고, 아이가 자신의 상황을 잘 이겨나갈 수 있도록 도와주는 것이 바람직하다. 또한 지금 아이의 신변 상태가 어렵다는 이유로 급박한 갈등 상황에서 어른이 일관성 없는 태도를 취하는 것은 아이를 돕는 길이 아니다.

자신의 아이가 어른의 요구를 아무런 준비 없이 즉각적으로 따를 수 있다고 생각하지 않는 것이 중요하다. 어른들은 아이들이 고집스럽다는 말을 자주 한다. 하지만 기대가 충족되지 않을 때 먼저 고집스러운 반응을 보이는 쪽이 어른인 경우도 드물지 않다. 아이들은 우리 어른들을 화나게 할 의도를 갖고 있지 않다. 아이들은 자신의 바람과 어른들의 기대 사이에 끼여있을 뿐이다.

아이의 "불순종"으로 인해 권위를 위협받았다고 느끼지는 않으면서도 자신의 기대를 포기하지 않는 어른이 갈등의 해법을 찾고, 포용적인 자세로 대화를 할 확률이 그렇지 않은 경우보다 좀 더 크다.

아이가 어른들이 기대하지 않는 행동을 할 때, 아이의 진정한 **바람을 이해하고 인정해 주고**, 이를 이룰 수 있는 긍정적인 방법을 제시하는 것이 문제의 해결에 도움이 된다.

> 아이가 친구 집에 놀러 가서 장난감을 마구 던지면, 다른 아이들이 맞거나 장난감이 고장날 수 있으니 던지지 말라고 설명한다. 그런 다음에는 장난감을 던져 넣을 수 있는 바구니나 마음

> 놓고 던져도 되는 부드러운 공을 건네줄 수 있다. 아이가 나무
> 블록으로 유리창을 두드리면, 당연히 이를 막아야 한다. 또는
> 유리창 대신 두드리기에 적당한 다른 곳을 아이에게 보여줄 수
> 도 있다.

이렇게 하면 무언가를 던지거나 두드리고 싶어하는 아이의 바람은 어른의 인정을 받고, 아이는 원하는 것을 적절한 방식으로 실행할 수 있게 된다. 또 다른 사례를 살펴보자.

> 아이가 엄마처럼 당근을 칼로 잘라 보고 싶다고 말한다. 당근
> 을 자르기 위해서는 날카로운 부엌칼을 사용해야 하고, 엄마는
> 이를 허락할 수가 없다. 이 경우 당근과 부엌칼 대신 바나나와
> 버터나이프를 건네주어 바나나를 잘라 보도록 하는 것도 대안
> 이 될 수 있다.

어른들이 해야 할 과제는, 아이가 가능하면 편안하게, 지나치게 고통스러운 갈등과 실패를 겪지 않으면서 자신의 바람을 주변의 기대와 일치시키고 자신의 목표를 적절한 방식으로 실현할 수 있도록 아이의 길을 세심하게 닦아주는 것이다.

"청색 영역에 속하는 기대"

"아무 것도 강요하지 말자! (……) 아이에게는 이런 저런 발달 단계에 도달하는 것만이 중요한 것이 아니다. 아이가 적극적으로 참여하는 가운데 자주적으로 각 단계의 발달을 이루어 나가는 것도 중요하다. 아이가 자주적으로 내딛는 한 걸음은 늘 다음 번에 내딛는 걸음을 좀 더 편안하게 만들어 준다. 어른들이 서서히, 조심스럽게, 끈기 있게, 사랑을 가지고 함께하면, 모든 아이는 심각한 갈등을 겪지 않고서도 어른들의 세상 안으로 들어갈 수 있다." *(피클러, 1권, 126쪽)*

조부모를 비롯한 다른 가족 구성원의 역할도 중요하다

아이의 첫 공동체인 가정

장래에 이루어질 아이의 발달에서 우리가 예상하는 많은 것들이 아이들을 향한 기대 행동으로 정리된다. 사회가 원하는 행동 양식을 아이에게 의식적으로 전달하는 것 외에, 우리가 "청색 영역"이라고 칭하는 또 다른 영역이 있다.

청색 영역에는 우리가 아이의 성장 과정에서 육체적, 정신적 성숙의 결과로 습득하기 원하며 지원하지만 규칙을 정해 지시할 수는 없는 모든 특성이 존재한다.

예컨대 우리는 아이가 향후에 자신의 능력을 개발하고 독립적인 인격체가 되리라고 확신하지만, 이를 위해 어떤 능력을 언제 습득해야 한다는 규칙은 존재하지 않는다. 아이가 독립적인 존재로 자라나도록 지지해 주는 우리의 방식에는 오히려 교육적인 성격이 다분히 포함되어 있다.

> *아이가 바지 속에 다리를 집어넣을 수 있도록 바지의 허리 부분을 벌려 주거나, 숟가락질을 하기 쉽도록 가장자리가 움푹하게 올라온 접시에 음식을 담아주는 것은, 아이가 차츰차츰 독립적인 존재로 자라도록, 날로 성장하는 자신의 능력을 체험하도록 도와 주려는 것이다.*

언젠가 때가 되면 아이는 어른들처럼 식사 도구를 사용하여 음식을 먹고, 자기 힘으로 옷을 입게 될 것이다. 우리는 아이가 이런 과정을 잘 거쳐가도록 지지해 준다. 하지만 어느 시점에 다음 발달단계를 이행해야 하는지 결정하지 않으며, 아이가 이런 과정을 혼자 힘으로 이행하도록 재촉하지도 않는다. 아이가 이런 목표들에 조금 일찍, 혹은 조금 늦게 도달하는 것은 크게 중요한 일이 아니며, 이에 관한 규칙을 정할 필요도 없다. 아이가 충분히 성숙하지 않은 시점에 특정한 능력을 요구하면 불필요한 갈등이 생기기 쉽다.

아이는 언젠가는 주변의 어른들처럼 행동하겠다는 바람을 저절로 갖게 된다. 예컨대 특정한 시점이 되면, 어른들처럼 화장실에 가는 것에 관심을 갖는다. 이를 위해서는 먼저 신체적, 심리적 성숙이 이루어져야 하는데, 이는 어른들이 재촉한다고 해서 앞당길 수 없는 과정이다. 소아과 의사 유디트 팔크Judit Falk와 마리아 빈체Mária Vincze는 괄약근 조절의 발달에 관한 연구를 했다. 이들은 어떻게 하면 기저귀를 차고 있는 아이에게 아무런 재촉을 하지 않고 자연스럽게 화장실을 사용하도록 도와줄 수 있는지 상세하게 설명한다.[5]

사회가 원하는 자질인 남과 공감하는 능력 또한 아이에게 강제로 요구할 수는 없는 일이다. 우리는 아이가 언젠가는 타인에 대한 진정한 공감 능력을 갖기를 기대하며 바란다. 예컨대 다른 사람을 아프게 했으면 진정으로 미안해하면서 사과하기를 기대한다. 아이에게 온화한 행동을 하기를 바란다는 말은 하겠지만, 사과하고 싶은 마음을 가져야 한다고 지시할 수는 없는 일이다. 아이가 타인과 공감하는 능력을 갖추도록 교육적인 분위기를 통해 지지해줄 수는 있다. 하지만 그런 분위기 말고도 공감 능력을 위한 아이의 내적 성숙이 먼저 이루어져야 하며, 이 내적 성숙은 아이의 발달에 좌우될 뿐, 누구도 강요할 수 없는 것이다.

요약

아이가 가장 먼저 접하는 주변 환경에서 경험하고 관찰하는 모든 것과 아이 주위에서 일어나는 모든 일이 아이의 사회적 발달에 영향을 미친다. 이를 통해 어떤 것이 사회적으로 바람직하거나 바람직하지 않은지, 올바른지, 그릇된 것인지, 사람들이 반기는 것인지, 반기지 않는 것인지에 관한 관념이 아이 안에서 형성된다. 만 두 살 내지 세 살이 되면, 아이의 내면에는 비록 항상 행동으로 실천하지는 않더라도 도덕에 관한 근본적인 세계상이 형성된다.

아이는 가족과 주위 사람들과 함께 생활하면서 서서히 자신의 정체성을 형성해 나간다.

아이는 세상을 배워 가는 것에 그치지 않고, 가까운 사람들과 개인적인 대화를 하면서 자신과 자신의 능력, 기호, 욕구를 점점 깊이 인식하게 된다. 가정은 아이가 처음으로 사회적 경험을 하는 장소로서 아이의 사회화에 극히 중요한 역할을 한다.

가정에서의 체험은 넓은 의미에서는 아이와 함께 하는 전반적인 일상생활을 통해, 좁은 의미에서는 구체적인 교육적 행동을 통해 아이의 사회적 학습에 결정적인 영향을 미친다.

이 시기의 사회적 발달은 아이에게 정서적 안정감과 가정 내에서 보호받고 있다는 느낌을 형성해 주며, 아이는 이를 통해 자신과 주위에 대한 믿음을 쌓아 간다. 신뢰할 수 있는 친밀한 관계 속에 산다는 것은 진정한 공감 능력을 발달시키는 데 필요한 전제 조건이며, 긍정적인 사회적 행동의 바탕이 된다.

1차적인 사회화가 진행되는 동안 아이는 점점 넓어지는 세상과 만나며, 이 과정에서 어른들의 적극적인 지원에 힘입어 자신을 포기하지 않으면서도 다양한 상황에서의 기대를 끊임없이 고려하는 법을 배워 나간다. 사회적 기대를 인식하고, 이해하고, 충족하는 동시에 자신의 관심사를 발전시키고 펼치는 것은, 어린아이가 직면하게 되는 어려운 과제이다. 이런 과제를 해결하는 과정에서 아이는 자주 자신의 바람과 주위의 기대 간의 갈등 상황에 빠진다.

우리가 아이의 어려움을 공감하고, 아이에게 주위의 기대를 끈기 있고 친절하고 일관성 있게 전달해 주고, 우리가 왜 이런 기대를 하는지 말로 설명하고, 우리의 올바른 의도를 포기하지 않으면서도 아이의 바람을 인정하고, 적절한 정도로 허용해 주면, 이는 아이에게 도움이 된다.

생애 초기에 이루어지는 사회화에는 여러 측면이 있다. 우리는 이 가운데 몇 가지를 부각시켜 다루었고, 어떤 측면들은 언급하지 않고 지나갔다. 자라나는 개인과 그가 경험하는 생애 첫 공동체 사이의 복잡하고 생생한, 때로는 논쟁으로 이어지는 대립에서 일어나는 절박한 문제는 간단히 해결되지 않는다.

아이들과 함께할 때 등장하는 사회적 상황은 우리로 하여금 끊임없이 전력을 다하도록 요구함으로써 우리 어른들까지도 한층 성숙하게 한다. 사회화 과정에서는 아이만 부모에게서 배우는 것이 아니라, 부모 또한 자녀에게서, 자녀를 통해 배우는 것이 있다. 자녀와 함께 힘겨운 길을 걸어가는 동안 부모는 개인적이고도 깊은 경험을 통해 여러 차례 선물을 받는다.

참고 문헌

(1) 유디트 팔크(Judit Falk): 《보육과 교육의 일치(Die Einheit von Pflege und Erziehung)》. 엠미 피클러 등 공저: 《서로 친밀해지기(Miteinander vertraut werden)》. 프라이암트Freiamt, 1994년
(2) 마리아 빈체(Mária Vincze): 《우유병에서 시작하여 혼자 힘으로 먹기까지(Von der Flasche

bis zum selbständigen Essen)》. 엠미 피클러 등 공저:《서로 친밀해지기(Miteinander vertraut werden)》. 1994년
(3) 모니카 알뤼(Monika Aly):《우리 아기가 세상을 발견해요(Mein Kind entdeckt die Welt)》. 뮌헨(München), 2011년
(4) 엠미 피클러(Emmi Pikler):《평화로운 아기들 - 만족스러운 엄마들(Friedliche Babys - zufriedene Mütter)》. 프라이부르크 임 브라이스가우(Freiburg im Breisgau), 1982년 제5판 인쇄. 헝가리어 초판 - Mit tud mar baba? 1946년
(5) 유디트 팔크(Judit Falk), 마리아 빈체(Mária Vincze):《기저귀와 작별하기Abschied von der Windel)》. 베를린 피클러 협회의 영아 보육 시리즈 출판물, 2010년

크리페에서의 사회화 - 기회와 위험 부담

_안나 터르도시Anna Tardos, 아냐 베르너Anja Werner

♡ 만 세 살 이하의 영아를 위한 보육 시설을 확충하기로 결정되었을 때, 정치적 논쟁의 주된 테마는 젊은 엄마들의 일할 권리와 독일의 인구통계학적 추이였다. 반면에 영아의 욕구에 대해 연구하는 전문가들은 그룹 단위로 이루어지는 보육이 어린아이의 발달에 어떤 영향을 미치는지 토론했다.

한편에서는 엄마와 아이가 이른 시기에 분리되면 둘 사이의 관계가 저해되며, 아이의 발달에 지장이 있다는 의견을 내세운다. 다른 전문가들은 아이는 처음부터 공동체에 의한 보육과 전문가에 의한 능력 개발에 대한 권리가 있다고 주장한다. 그 중 많은 이들이 내세우는 것은, 아기들은 좀 더 연령이 높은 아이들을 보고 배움으로써 가장 중요한 능력을 습득하며, 우리가 그룹으로 이루어지는 보육의 장점을 아기들에게서 빼앗을 권리가 없다는 것이다. 이렇게 두 가지 의견이 서로 대립하고 있다. 유치원에 다닐 나이(역주: 독일의 경우 만 3세 이상)가 될 때까지 부모가 아이를 돌보는 것이 아이에게 더 유익할까? 아니면 크리페에서 공동 생활을 하는 것이 집에서 지내는 것보다 어린아이의 능력 개발 면에서 좀 더 유리할까?

이 문제에 대해 심도 깊게 다루기 전에, 우리는 우선 크리페 연령(역주: 0세부터 만 2세)의 아이가 어떤 사회적 발달 단계에 이르러 있는지, 크리페에 다님으로써 누릴 수 있는 장점은 무엇인지 살펴보고자 한다. 그리고 나서 우리가 영아의 조기 보육에 있어 중요하다고 생각하는 몇 가지 교육학적 원칙과 일상적인 보육 방식에 대해 설명하고자 한다. 그 중에서도 특히 영아의 사회적 학습과 사회가 기대하는 행동 방식의 전달을 중점적으로 다루고자 한다. 우리는 이 글이 독자들에게 영아의 사회화라는 문제에 대해 한층 더 다양한 시각을 전하기를 기대한다.

1. 사회화 과정과 크리페에서의 보육

1차적 사회화는 아기가 세상에 태어나는 날부터 시작된다. 아기는 가족 안에서 부모의 사랑과 돌봄을 받고 부모와 애착 관계를 형성하기 시작하면서 최초이며 결정적인 사회적 경험을 한다.

영아는 초기 사회화가 진행되는 가운데 가장 가까운 애착 대상들과 대화를 하면서 주변의 행동 양식과 신념을 알아 가며, 이를 내면화한다. 아기는 부모가 날마다 자신을 어떻게 돌보아 주는지 몸으로 체험하며 이에 의해 영향을 받는다. 자신이 원하는 것을 어떤 방식으로 표현하고 실현할 수 있는지, 엄마 아빠는 어떤 방식으로 아기가 하고자 하는 것을 허용하며 이를 지지하거나 제한하는지에 대한 경험을 쌓아가는 것이다.

대부분의 경우 영아가 사회적으로 접촉하는 대상은 부모에 국한되지 않는다. 친척과 지인을 만나고, 놀이터에서 다른 아이들과 마주치며, 부모와 함께 아이를 위한 그룹 활동에 참여하기도 한다. 이 과정에서 영아는 다양한 행동 방식을 접하며, 부모의 곁에서 보호를 받는 가운데 여러 사람들과 어울리는 법을 배워 나간다.

이렇게 중요한 경험을 할 때 언제난 소중한 것은, 부모나 친숙한 관련 인물의 역할을 하는 가까운 사람과의 애착은 매우 긴밀하다. 이들은 아이가 음식물 섭취, 목욕, 수면과 같은 기본적인 욕구를 충족하도록 꾸준히 돌본다. 또한 이들은 아이를 진정시키거나 위로해 줌으로써 아이가 자신의 감정을 조절하도록 도와준다. 이들은 아이의 세세한 습관까지 알고 있으며, 자신이 돌보는 젖먹이 또는 어린아이의 지극히 개인적인 의사소통 형태와 표현 방법에 대해서도 누구보다 잘 알고 있다. 이런 애착관계는 아기가 점점 더 넓어지는 사회적 주변 세계에 마음을 열고 새로운 행동 양식을 시도하고 확장하는 데 필요한 정서적 안정감을 제공한다.

가정에서 아이와 함께 지내는 것은 매우 개인적인 일이다. 어린아이를 끊임없이 돌보고, 아이의 기호와 성향, 익숙한 생활리듬, 어려움, 두려움에 대해 세세하게 아는 사람은 지극히 소수에 불과하다. 아이의 행동에 대한 기대는 어른의 의지와는 상관없이 아이의 성격과 현재 발달 상황에 따라 결정된다. 가정 안의 습관과 아이를 다루는 방식은 부모와 자녀들 간의 대화를 통해 자리잡고 또 변화한다. 따라서 가정 안의 습관과 아이를 다루는 방식은 보육기관의 일상과 기대보다는 훨씬 개별적이며 유연하다. 보육기관의 경우 보육교사들이 각 아이의 습관을 존중해 주려고 노력하긴 하지만, 아이에게 주어지는 틀과 기대가 가정보다는 일률적이어서 아이의 특성에 따라 이를 조정하기가 어렵다.

가정이라는 사회에서 이루어지는 성장은 아이가 가정보다 덜 개인적인 공동체 속에서도 자신의 자리를 찾을 수 있도록 준비시킨다.

유치원, 학교, 직업 실습장과 직장은 2차적 사회화 기관이다. 각 기관마다 구성원이 지키고 존중해야 하는 습관과 기대는 조금씩 다르다. 2차적 사회화는 우리가 일생 동안 새로운 사회적 관계를 맺을 때마다 되풀이해서 계속 진행된다.

만 세 살 내지 네 살이 되면, 아이는 자기 정체성을 잃어버리거나 자신의 바람과 욕구를 포기하지 않으면서도 집단의 새로운 일상과 집단 구성원 전체에 주어지는 평균적인 기대에 좀 더 수월하게 적응할 수 있다. 또한 이 시기가 되면, 다른 아이들과 함께 하고자 하는 바람이 좀 더 강해지며, 이로 인해 부모와의 분리가 수월해진다.

이 시기의 아이는 이전보다 부모로부터 독립적이 되는데, 이는 아이가 어느 정도는 스스로 자신의 기본 욕구를 충족할 수 있기 때문이

평온하게 함께 노는 아이들

다. 예컨대 혼자 힘으로 식사를 할 수 있으며, 약간의 도움만 있으면 옷을 갈아입을 수 있고, 낯선 사람에게도 자신의 바람을 정확하게 표현할 수 있을 정도로 언어발달을 이루었고, 혼자서도 화장실에 갈 수 있다.

하루 일과 중 언제 무엇을 하게 되는지 좀 더 확실히 알고 있어서, 유치원의 하루 일정이 어떻게 진행되는지도 곧 파악하게 된다. 이처럼 독립성이 커지는 덕분에 부모와의 분리 과정도 이전 시기보다 수월해진다.

0세부터 만 2세라는 크리페 연령은 아직 정체성을 형성하고 확립하는 민감한 과정의 초기에 해당한다. 생후 3년이 지나지 않은 시기에 부모와 떨어져서 단체생활을 하는 것은 아이의 사회화 발달에 반드시 필요한 과정은 아니다.

친숙한 사람이 함께 하며 도와주지 않는 상태에서 낯선 환경에서 지내는 것이 전반적으로 아이에게 무엇을 의미하는지만이 중요한 문제는 아니다. 이에 못지않게 중요한 문제는, **이런 낯선 환경에서 아이에게 어떤 일이 일어나는지, 아이가 그곳에서 무엇을 경험하는지, 보육교사들이 얼마나 따뜻하게 아이를 돌보아 주는지, 아이가 어떤 기분으로 지내는지**, 등이다.

질이 높지 않은 보육에는 여러 위험이 숨어 있다. 그 이유는 어린아이들이 민감하고 의존적인 존재이기 때문이다. 어린아이는 신체적으로나 정서적으로 어른의 도움과 관심에 극심하게 의존하고, 그래서 개별성에 대한 배려와 존중이 부족한 돌봄이 이루어지는 상황에도 어쩔 수 없이 적응한다. 어린아이가 단지 그룹에 속한 아이들 중 하나로 일상화된 돌봄을 받거나, 낯선 보육교사를 번갈아 가면서 만나게 되면, 개인적인 정체성이 형성되기 어려울 수도 있다. 아이는 사람들이 자신을 내버려둘 수도 있다는 걱정 때문에 불안해질 수 있으며, 이로 인해 세상을 적극적으로 발견하고 자신의 능력을 개발하고자 하는 의욕이 저하될 수도 있다.

통일 전 서독에는 오랫동안 크리페가 많지 않았다. 어린 아이를 크리페에 보내는 것을 좋지 않게 여기는 시각이 일반적이었다. 반면에 동독에서는 크리페가 정책적으로 전국에 걸쳐 설립되어 있었으며, 사람들도 이를 부정적으로 보지 않았다. 아가테 이스라엘Agathe Israel과 잉그리트 케르츠 륄링Ingrid Kerz-Rühling은 공저 《동독의 크리페에서 자라난 아이들》[1]에서 동독의 크리페 보육 환경이 성인이 될 때까지 아이들에게 미치는 영향을 다루고 있다. 이 두 저자의 연구에 의하면, 동독 내 크리페의 보육교사들은 아이 각자의 성격을 알아 갈 기회가 적었다고 한다. 보육교사들은 상당히 큰 그룹의 보육을 위한 상세하고 다양한 활동 계획을 이행해야 했으며, 아이와의 개인적인 관계를 중요하게 여기지 않는 분위기가 지배적이었기 때문에, 아이들과 개인적으로 접촉을 할 시간이 없었다.

두 저자가 내린 결론 중 많은 부분은 개인적이라기보다는 다소 일률적인 보육 형태를 띤 다른 보육기관에도 적용할 수 있다.

물론 영아를 보육하는 과정에서 개인의 욕구를 중요시하는 보육기관은 과거에도 있었고, 오늘날에도 마찬가지이다.

오늘날 크리페나 전일제 보육기관에서는 이전에 비해 영아의 상태에 대해 전반적으로 많은 관심을 쏟는다. 아이가 처음 적응을 할 때까지 부모가 아이와 함께 있도록 하는 담당교사의 배려는 당연한 일이 되었다. 보육교사와 아이와의 개인적인 관계, 각 아이의 개인적인 발달 상황, 부모와의 협조가 예전보다는 중요시된다.

이렇게 크리페의 보육 상황이 좋다 하더라도, 새로운 일상에 적응하는 것은 영아에게 쉽지 않은 일이다. 적응 기간 동안 부모가 아이 곁에 있으면 심적으로 많은 도움이 된다. 하지만 아이가 보육교사들과 친밀한 관계를 맺기까지는 처음의 적응 기간보다 더 오랜 시간이 걸린다. 지금까지 자신을 돌봐 준 친숙한 사람 외에 다른 사람이 음식을 먹이고, 기저귀를 갈아주고, 잠을 재우는 것은 아이로서는 쉬운 일이 아니다. 오히려 이런 직접적인 접촉이 이루어지는 상황에서 아이는 부모와 떨어져 있다는 것을 고통스럽게 느껴질 수 있다. 기존의 그룹에 새로 들어오는 아이는 다른 아이들과 함께 지내는 경험이 적기 때문에, 같은 그룹의 아이들을 매우 위협적인 대상으로 느낄 수도 있다. 새로 들어온 아이는 어떻게 하면 다른 아이들과 잘 지내고 자신을 보호하고 자신이 원하는 것을 표현할 수 있을지 아직 알지 못한다. 크리페의 보육 환경이 좋더라도, 처음 들어가는 아이에게는 분명 부담이 따른다. 소수의 고정적인 보육 담당자들이 아이와 공감하는 가운데 진심 어린 관심으로 아이를 대한다면, 아이의 부담은 줄어들 수 있다. 아이에 대한 개별적인 관심이 구체적인 행동에서 어떻게 표현되는지에 관해서는 나중에 다루고자 한다.

그보다 먼저 언급하고 싶은 것은, 앞에서 다룬 위험 요소와 회의적인 의견에도 불구하고, 여러 가지 이유로 크리페를 통한 영아 보육이 더 낫다는 것이다. 단, 이는 크리페의 보육 환경이 매우 우수하다는 것을 전제로 한다.

2. 크리페 보육의 장점

자녀를 오랫동안 집에서 키우고 싶어하지만, 경제적인 이유로 인해 이른 시기에 보육기관에 맡길 수밖에 없는 부모들이 적지 않다.

많은 여성들은 경력 단절을 겪지 않기 위해 출산 후 이른 시기에 다시 이전의 직업을 회복하고 싶어한다. 이들은 경력을 계속 쌓아가고 싶은 바람과 아이를 직접 키우고 싶은 바람 사이에서 심적 갈등을 겪는다. 엄마의 이런 심적 갈등은 긴장이라는 형태로 아이에게 전이되기 쉽다.

이 경우 엄마가 직장 생활로 만족감을 얻고, 나머지 시간을 아이와 함께 집중적으로 즐겁게 보내는 데에 사용하면, 엄마와 아이 간의 관계가 개선될 수 있다.

더욱이 사회심리적 문제가 심각한 가정의 아이들이라면, 크리페가 구원의 손길이 될 수도 있다. 이런 경우에 아이는 양질의 보육 환경 안에서 적절한 돌봄을 규칙적으로 받아, 돌봄이 소홀한 가정에서는 느낄 수 없는 정서적으로 안정된 분위기를 체험한다. 또한 크리페에서 지내는 동안 아이는 집에서는 받을 수 없는 원만한 발달에 필요한 지원에 학습에 대한 관심을 일으키는 동기도 받게 된다.

원만한 가정에서도 아이와 함께 지내는 시간이 항상 행복한 것만은 아니다. 특히 대도시에 사는 젊은 부모들은 육아를 도와줄 친척이나 친지가 주변에 없으면 세상과 단절된 채 아이와 함께 산다는 느낌을 자주 받는다. 이웃 사람들이 아이들에 대해 그다지 호의적이지 않은 경우에는 부모와 아이 간에 많은 갈등이 생길 수 있으며, 이로 인해 아이와 한 순간도 떨어지지 않고 지내는 시간이 힘겹고 반갑지 않을 수 있다. 부부간에 문제가 있거나 생활 여건이 불안하면, 어린아이가 가정 내에서 자신의 자리를 찾고 편안하게 성장해 나가기가 힘이 들 수도 있다. 이런 경우라면 안정된 분위기를 갖추고 양질의 보육을 행하는 곳에서 아이가 하루에 몇 시간씩 지내는 것이 더 나을 수도 있다.

이는 부모가 아이를 다루는 데에 매우 자신이 없는 경우에도 해당된다. 많은 부모들은 아이의 경험 세계를 이해하여 긍정적인 사회적 행동에 대한 기준을 확립하도록 아이를 이끌어 주는 일에 어려움을 느낀다. 이런 경우에도 노련한 보육교사들이 있는 크리페와 연계하여 아이를 키우는 것이 아이와 가정 모두에게 도움이 될 수 있다.

크리페 보육이 가정 상황에 따라서는 긍정적인 대안이 될 수도 있다는 우리의 견해는, 양질의 보육 환경이 갖추어져 있는 크리페, 즉 따뜻하고 애정 어린 분위기 안에서 아이를 배려하며 관심 있게 대하는 크리페에서 보육이 이루어지는 것을 전제로 한다.

우리는 어떻게 하면 앞에서 언급한 바 있는 크리페 보육의 위험 요인을 최소화하고, 가능한 한 아이에게 긍정적인 영향을 미칠 수 있는지 고민해 보아야 한다.

우리는 이제 우리의 교육학적 토대를 부득이하게 축약하여 소개한 후, 크리페에서 이루어지는 사회적 학습 중 조기 보육의 질에 결정적인 영향을 미치는 몇 가지 요소에 대해 상세하게 설명하고자 한다.

이와 관련하여 우리가 최우선적으로 인용하는 것은 수년 전부터 부다페스트 소재 피클러 연구소에서 운영하는 크리페의 경험이다. 하지만 이 외에 엠미 피클러의 영아 보육학에 따라 진행되는 부모-자녀 그룹의 사례도 언급하고자 한다.

3. 교육학적 토대

관계와 개별적 보육 행위

부다페스트 소재 피클러 크리페에서는 아이와 보육 담당자 사이에 신뢰할 수 있고 안정감을 제공하는 관계가 형성되는 것을 가장 중요하게 여긴다. 소수의 보육교사로 고정된 팀이 한 그룹을 담당한다. 팀은 한번 구성되면 되도록 수년 간 변동 없이 유지된다. 이로써 아이들은 자신의 의사와 상관없이 여러 보육교사를 거치는 일을 겪지 않는다. 유치원에 갈 때까지 같은 그룹에서 같은 교사들과 지내기 때문에,

아이들과 보육교사 간의 관계, 그리고 아이들 간의 관계도 계속 이어진다. 아이가 처음 들어와 적응할 때부터 돌봐 주던 보육교사가 그 뒤로도 담당교사가 되어 그 아이의 보육에 대해 주된 책임을 맡는다. 보육교사들은 아이들과 매우 친밀하고, 각 아이에게 개인적인 관심을 쏟을 수 있다. 따라서 **크리페에서는 동일한 보육교사진을 오래 유지하는 것이 조직 구조상 가장 중요하다.**

조직상의 환경이 아이와 보육교사 간의 관계 형성을 위해 중요한 전제 조건이긴 하지만, 이런 환경이 주어진다고 해서 아이와 보육교사 간에 저절로 원만한 관계가 형성되는 것은 아니다. 이는 무엇보다도 보육교사가 각 아이를 진심 어린 관심으로 대하고 개인적으로 친밀하게 소통할 때에 형성된다. 아이에게 개인적이고 개별적인 관심을 쏟을 기회는 매우 많다. 예컨대 아이가 크리페에 도착하여 보육교사와 인사를 나눌 때, 특정한 장난감을 찾고 싶어하는 아이를 도와줄 때, 아이가 보육교사에게 무언가를 보여주거나 이야기하고 싶어할 때, 크리페에서 생활하면서 아이가 겪는 어려움을 해결해 줄 때, 아이와 개별적으로 작별 인사를 나눌 때, 등의 상황에서 아이에게 개별적이며 개인적인 관심을 보여 주는 것이다. 아이와의 개인적인 관계를 강화하려는 시도에서는 일상적인 보육 행위가 특히 중요한 의미를 갖는다.

보육교사들은 특히 기저귀를 갈아 주거나 옷을 갈아입일 때 천천히 시간을 두고 아이에게 집중함으로써, 각 아이와 개별적이며 즐거운 만남을 가질 수 있다. 기저귀를 갈아 주거나 옷을 갈아입히는 과정에서 아이의 몸에 손이 닿을 때도 조심스럽게 대하며, 아이가 싫어하는 것을 억지로 강요하지 않고 아이의 협력을 이끌어 낸다. 아이를 돌봐 주면서 아이와 많은 말을 나눈다. 예컨대 기저귀를 갈아 주거나 옷을 입힐 때는 그 과정을 미리 알려 준 다음, 아이가 일어날 일에 대해 마음의 준비를 하도록 잠시 시간을 준다. 아이가 스스로 원해서 보육 행위에 적극적으로 참여할 수 있도록 잠깐 기다리는 것이다. 기저귀를 갈아줄 때는 장난감을 쥐여 주거나 모빌을 쳐다보게 하는 방법 등으로 아이의 시선을 다른 곳으로 유도하지 말고, 오히려 아이가 자신에게 일어나는 일을 의식하고 관심을 갖게 하고 참여할 기회를 주도록 한다. 또한 아이의 움직임을 유심히 지켜보면서 아이의 움직임을 말로써 표현해 준다. 피클러 크리페의 보육교사들은 이처럼 아이와 단둘이 대화를 나눌 수 있는 기회가 생기면 이를 놓치지 않고 포착하며, 아이와의 대화를 위해서는 하려던 보육 행위를 잠깐 멈추기도 한다.

　기저귀를 갈아 주거나 옷을 갈아입힐 때 아이에게 한 가지 자세로 가만히 있도록 하는 대신, 아이가 움직이는 대로 보육교사가 같이 움직인다. 예컨대 두 발로 설 수 있는 아이가 원한다면, 서 있는 상태로 기저귀를 갈거나 옷을 입혀 주기도 한다. 어린아이들의 안전을 위해,

기저귀 테이블 가장자리에 높은 난간을 설치해서 테이블에서 떨어지는 일이 없도록 한다. 또한 두 발로 서 있기를 좋아하는 아이들은 기저귀 테이블 가장자리의 난간을 붙잡고 서 있을 수 있다. 아이들이 자라 기저귀 테이블 위에 선 키가 보육교사에게 너무 크게 되면, 좀 더 낮은 테이블 위에서 옷을 갈아입힌다. 아이가 더 자라 이 테이블이 좁게 느껴지면, 나지막한 보조의자나 단단한 매트리스 위에서 옷을 갈아입힌다. 이때 보육교사가 아이 앞에 서거나 앉아 눈높이를 맞추어주면, 아이와 이야기를 나누기가 수월해진다.[2]

피클러 크리페의 영아들은 기저귀를 갈거나 옷을 갈아입는 등 보육 행위가 이루어지는 시간 동안 보육교사가 행하는 보육 행위에 단순히 참여하는 데에 그치지 않고, 스스로 생각해낸 아이디어를 실천에 옮길 수도 있다. 예컨대 손을 쭉 펼쳐 보육교사의 얼굴을 만져 보기도 하며, 바짓가랑이 속에 다리를 집어넣다가 다시 빼내는 장난을 하기도 하며, 숨바꼭질 놀이를 시작하기도 한다. 아직 말이 서툰 아이가 자신의 양말을 가리키며 보육교사를 향해서 "아빠!"라고 말하기도 한다. 아마도 그 순간 아이는 아빠가 아침에 양말을 신겨주었던 것을 떠올리면서, 보육교사에게 이를 말하고 싶어했을지도 모른다.

이처럼 보육교사가 오직 "자신에게만" 관심을 쏟고 자신의 이야기에 귀를 기울인다고 느끼는 상황에서는, 어느 정도 자란 아이들이 보육교사에게 자신이 관심을 갖고 있는 일에 대해 이야기하기도 한다.

피클러 크리페에서는 보육 행위가 진행되는 동안 이야기를 나누고 소통하는 것을 무척 바람직하게 여기며, 보육교사들은 아이들의 말에 관심을 기울이고 성심 성의껏 대답해 준다. 왜냐하면 이는 아이와 친밀함을 쌓아갈 소중한 기회이기 때문이다.

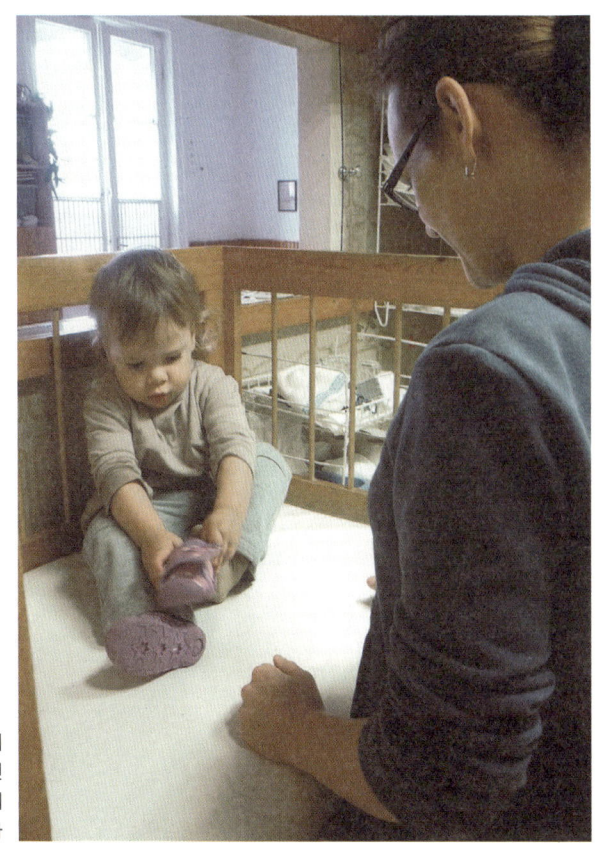

아이의
자주적인
행동에
함께한다

보육 상황을 주도하는 측은 물론 보육교사이며, 적절한 시간 내에 마무리 짓는 것 또한 보육교사가 하는 일이다. 하지만 아이가 생각해 낸 "빙 둘러가는 길"이야말로 둘 만의 진정한 대화의 소재가 되고, 아이와 교사 모두에게 보육 행위를 개인적이며 즐거운 일로 만들어 준다.

피클러 크리페에서는 기저귀를 갈거나 옷을 입혀주는 일이 "더 중요한 일"을 위해 빨리 해치워야 하는 귀찮은 의무라고 여기지 않는다. 오히려 이런 보육 행위가 아이와 보육교사 모두에게 유익한 시간이 될 수 있다. 예컨대 아이는 보육교사와 하나의 행위를 함께 함으로써 개인적인 교류를 하고, 자신의 몸에 대해 적극적으로 체험하고, 공동체의 예법을 조금씩 배워 나가고, 다양한 방식으로 의사소통을 하고, 어른과의 대화를 통해 기저귀를 갈거나 옷을 갈아입는 방법을 비롯한 여러 가지 정보를 얻을 수 있는 것이다. 또한 아이들은 옷을 갈아입는 행위에 자발적으로 참여함으로써 손놀림을 발달시킬 수도 있다(아이들의 참여를 적극적으로 유도하기는 하지만, 절대로 강요하지는 않는다). 자신의 말에 주의 깊게 귀를 기울이고 성의 있게 대답하는 어른과 대화를 나누는 것은 아이들의 언어발달에 도움이 된다.

보육교사와 소통을 함으로써 아이는 자신과 자신의 개인적 특성을 한층 더 객관화하며, 보육교사를 통해 자신에 관한 정보를 얻고, 자신에 대해 점점 더 잘 알아 나간다. 이렇게 진행되는 보육 행위는 하루의 일정 시간을 그룹 속에서 보내는 아이에게 보육교사와 좀 더 개인적인 만남을 가지는 "1대 1 상황"을 만들어 준다. 아이는 친숙한 어른과 단 둘이 즐겁고 충만한 시간을 보냄으로써 이 어른에게 정서적으로 좀 더 가까이 다가가게 된다.

각 아이가 친숙한 보육교사와 둘만의 개인적인 만남을 가질 기회를 갖는 것은 아이의 "자기 인식" 발달이라는 측면에서 매우 중요하다. 따라서 피클러 크리페에서는 보육교사가 아이를 먹이고 입히는 등의 보육 행위를 하는 동안 각 아이에게 충분히 관심을 기울일 시간을 갖도록 일과를 편성한다. 이를 위해서는 보육교사가 방해 받지 않고 한 아이에게만 집중할 수 있도록 팀 안에서 확실한 계획이 약속되어 있어야 한다. 그런 시간에 다른 아이들이 자기 주도적으로 평화롭게 논다는 것이 확실해야 그런 편안한 보육 행위가 가능할 것이기 때문이다. 이런 점에서 볼 때, 아이의 자기 주도적 놀이와 양질의 보육은 불가분의 관계이다. 이에 대해서는 책의 후반부에서 다루고자 한다.

피클러 크리페에서는 식사에 관해서도 각 아이의 개인적인 욕구를 중요하게 여긴다. 보육교사의 무릎 위에 앉아서 음식을 먹는 영아의 경우, 확실한 순서를 정해 놓고 차례대로 먹도록 한다.

아이들은 날마다 반복되는 일과에 대해 잘 알고 있어서 이에 적응

서서히
무릎에서
식탁으로

한다. 그래서 다음 번으로 먹을 차례가 된 아이를 지켜보면, 더 이상 이전처럼 놀이에 열중하지 않고 마음속으로 이미 식사시간에 대비한다는 것을 알 수 있다. 자신의 차례가 언제인지 알고 있으면 아이들이 마음의 준비를 하는 데에 도움이 되며, 안정감을 가질 수 있다. 보육교사는 음식물을 먹이는 동안 각 아이에게 전적으로 집중할 수 있으며, 아이의 성향에 따른 작은 신호까지 상세하게 알 수 있다. 먹는 속도가 어느 정도인지, 어떤 음식을 좋아하는지, 한 숟가락에 얼마만큼의 음식물을 얹는 것을 편하게 여기는지, 언제 쉬고 언제 다시 먹고 싶어 하는지, 배가 부른지 등 매우 복잡하면서도 지극히 개인적인 식습관을 상세하게 감지할 수 있는 것이다. 그 중에서도 특히 아이가 무엇을 잘 먹는지, 어떤 방식으로 먹는 것을 좋아하는지 알 수 있다. 먹는 것을 좋아하도록 만드는 것은 아이의 식생활과 관련하여 무엇보다도 중요한 목표이다. 무언가를 강요하거나 설득해서 먹여버릇하면, 먹는 즐거움이 사라지고 어른과의 관계도 악화된다. 아이가 기꺼이 먹고 싶어 하는 것보다 한 숟가락도 더 입에 집어넣어서는 안 된다.[3] 혼자 힘으로 의자에 앉을 수 있고, 더 이상 어른의 무릎에 앉아서 포근함을 느끼며 식사할 필요가 없는 아이들에게는 우선 영아용 식탁을 사용하도록 해 준다. 영아용 식탁은 의자와 테이블이 하나의 나무판 위에 설치되어 떨어지지 않으므로, 아이들이 혼자 힘으로 의자에 앉고 일어날 수 있다. 보육교사는 영아용 식탁에 앉아서 음식을 먹는 아이도 개별적으로 도와준다. 식사 도구의 사용법을 익히는 과정을 매우 꼼꼼하고 찬찬히 도와주며, 혼자 힘으로 떠먹기 편리한 식기와 숟가락을 사용하도록 한다.

아이가 영아용 식탁에서 먹는 것에 익숙해지면, 다음 단계로는 역시 영아용 식탁을 이용하는 다른 아이 옆에 앉아서 식사를 하도록 한다. 그리고 식사 도구를 자유롭게 사용할 수 있는 아이들에 한하여 공동 식탁에 앉아 여러 아이와 함께 식사를 하게 한다.

이렇게 되면, 같은 연령의 아이들이 모여있는 하나의 그룹에서 두 명의 아이는 차례대로 보육교사의 무릎에 앉아서 음식을 먹고, 그 다음에 한 아이가 영아용 식탁에 앉아서 보육교사의 도움을 받으면서 음식을 먹고, 그 후에 서너 명의 아이가 식탁에 앉아 함께 식사를 하는 식이 될 수 있다. 이렇게 식사 방식을 순차적으로 바꾸는 것이 낯선 방법으로 보일 수도 있지만, 피클러 크리페에서는 모든 아이들이 동시에 식사를 하는 것보다는 아이들이 음식을 먹으면서 저마다 먹는 기쁨을 느끼고 자신의 능력을 체험하는 것을 더 중요하게 여긴다.

혼자 힘으로 식사를 한다는 중요한 학습 과제에 이렇게 신중하고 개별적으로 접근하려면, 보육교사들이 각 아이의 욕구와 발달 상황을 정확하게 인지하고 있어야 한다. 팀의 보육교사들 사이에, 그리고 주방과도 정확하게 아이들의 식사 시간과 순서가 약속되어 있어야, 각 아이에게 적절한 형태의 식사 환경을 조성해 줄 수 있다. 피클러 크리페에서는 식사와 관련하여 아이에게 무리한 것을 요구하지 않으며, 실패와 갈등을 겪지 않도록 보호한다.

지금까지 기저귀를 갈아 주고, 옷을 입히고, 음식을 먹이고, 식사를 하는 상황을 통해, 보육교사들이 편안하고 상호 협조적인 분위기 속에서 개인의 발달 상황에 맞추어 각 아이가 서서히 자신을 의식하며 독립적인 개체로 성장하도록 이끌어 주는 모습을 살펴보았다. 기저귀를 차고 있던 아이가 영아용 변기를 사용할 수 있도록 도와주는 과정도 이와 유사한 사례로 들 수 있다. 아기용 변기는 괄약근 조절이 성숙해야 사용할 수 있는데, 보통 크리페에 다니는 시기에 영아용 변기를 사용하기 시작한다. 피클러 크리페에서 지내는 아이들이 "기저귀와 작별" 하는 방식에 대해서는 유디트 팔크와 마리아 빈체 박사가 편찬한 책에 자세히 서술되어 있다.[4]

만 3세에 가까워지면 대부분의 아이들이 혼자 힘으로 화장실에 다녀오고, 식사할 때도 어른의 도움을 거의 필요로 하지 않기 때문에, 이전에 비해 좀 더 독립적인 존재가 된다.

이 시기에는 보육교사가 돌봄 과정에서 아이와 함께 보내는 시간이 짧아진다. 각 아이에게 개별적으로 관심을 보이는 형태도 점차 달라진다. 하지만 아침에 아이를 처음 볼 때 자신만의 방식으로 아이를 맞

아줌으로써 개별적인 만남의 순간에 가치를 두는 것에는 변함이 없다. 아이가 옷을 입거나 벗을 때는 가까운 곳에서 지켜보며 말로써 도와주며, 아이들 간에 다툼이 있으면 원만하게 해결할 수 있도록 조언한다. 아이들이 하고 싶어 하는 이야기가 있으면 귀 기울여 들어 주고, 일상생활을 하면서 생기는 일을 소재로 대화한다.

끝으로 요약해 보면, 피클러 크리페에서는 기저귀를 갈아 주고, 옷을 입히고, 음식을 먹이는 등, 돌봄 과정이 교육적으로 중요하다. 이것은 아이의 인성 형성에 영향을 미치는 인간 대 인간의 보육 행위로서 중요하게 여기므로 각 아이에게 적절히 개별적으로 실천한다.

4. 자주적인 움직임과 자유놀이

아이의 자유로운 활동과 움직임 및 놀이 행위도 사회화 과정에 중요한 역할을 한다. 아이는 자주적인 탐험과 여러 가지 시도와 시행착오를 함으로써 자신의 힘으로 이루어 낼 수 있는 것이 무엇인지 경험한다. 이런 경험을 통해 아이는 자의식을 형성하며, 무언가를 하고자 하는 동기를 얻는다.

아이는 자신의 몸과 흥미로운 물건을 가지고 다양한 경험을 하며, 자신의 능력을 확장하며, 성공을 체험함으로써 다른 시도를 감행할 용기를 얻는다.

아이가 자주적으로 활동을 할 수 있도록 하는 것은 피클러 크리페 보육교사들의 중요한 과제이다. 아이들의 자주적 활동에 필요한 물건들을 안전한 공간에 마련해 두는 것도 교사들이 해야 할 일이다.

보육교사들은 아이들의 관심사와 계획과 능력을 관찰하고, 이를 바탕으로 아이들의 행위에 직접적인 영향을 미치지 않는 범위 내에서 아이들의 주위 환경을 변형시켜 준다. 보육교사들은 각 아이의 고유한 발달상황과 창의력을 신뢰한다. 아이가 도달한 현재의 발달상태를 수용하고 존중한다. 아이가 어른의 관심을 원한다면, 보육교사는 아이가 이루어 낸 성과를 함께 기뻐해 주거나 아이의 활동에 필요한 물건을 준비해 줌으로써 아이의 활동에 관심을 표시한다. 하지만 어떻게 놀아야 하는지, 혹은 어떻게 움직여야 하는지를 아이에게 보여 주거나 가르쳐 주지는 않는다.

움직임과 관련하여 피클러 크리페에서는 아이들이 아직 혼자 힘으로 취할 수 없는 자세를 인위적으로 유도하지 않는다. 다시 말해서 아이가 스스로 앉기 전에 인위적으로 앉히지 않으며, 걷지 못하는 아이의 손을 잡고 첫걸음을 떼도록 유도하지 않는다. 배밀이를 하거나 기어 다니면서 다양한 높낮이를 탐색하기 시작한 영아의 주위에는 단단한 쿠션이나 층계 모양의 나지막한 발판을 놓아준다.

커다란 용기 속에 작은 물건이 몇 개나 들어가는지 탐구하기 시작한 아이에게는, 커다란 그릇이나 양동이와 그 속에 집어넣을 수 있는 공, 모래 주머니, 커튼 고리 등의 작은 물건을 충분히 가져다준다.

보육교사들은 영아들이 한창 관심을 갖고 있는 놀이나 움직임이 무엇인지 알아차릴 수 있도록 교육을 받았으며, 아이들의 관심을 유지시켜 주기에 적절한 물건을 찾아 제공하는 중요한 역할을 한다.

어른이 특정한 놀이 활동의 시범을 보여 아이들에게 이를 따라 하도록 강요하지 않는다. 어른이 놀이를 주도하거나 직접적으로 놀이에 영향을 미쳐 아이들이 이에 익숙해지면, 아이들이 놀이에 대해 가지

물놀이는 아이를 몰입하게 한다

고 있던 본래의 관심이 뒷전으로 밀려난다는 사실을 보육교사들은 분명히 알고 있다. 어른이 아이들의 움직임이나 놀이에 개입하면, 어른에게 심하게 의존하는 기대 심리가 생겨 아이 자신의 영향력과 능력을 체험하기 어려워질 수 있다. 보육교사들은 아이들이 한 가지 일에 열중할 수 있는 정서적 안정감을 부여하고, 자유로운 활동에 필요한 시간, 물질, 분위기 등의 틀을 마련함으로써 아이들이 자유롭게 활동할 수 있도록 해 준다.[5]

자주적인 활동을 해본 경험이 적은 아이들이 본래부터 잠재되어 있는 자신의 능력을 다시 발견하는 데는 어른들의 세심한 도움이 있어야 한다. 이런 아이들이 처음으로 주저하며 잠깐이라도 자주적인 활동을 시도할 때는 특히 충분한 시간과 공간을 주어야 한다. 이들은 자기 주도적인 놀이와 움직임이 기쁨과 만족감을 가져다준다는 것을 서서히 알아간다.

보육교사들이 아이들에게 필요한 환경을 세심하게 준비해 주면, 각 아이들은 자신의 놀이 수준과 움직임 발달 수준에 맞게 활동할 수 있으며, 어른들의 직접적인 개입이 없이도 잘 성장해 나갈 수 있다. 이런 사실을 보육교사들이 알고 있으면, 편안한 마음으로 각 아이를 보살펴 줄 수 있다.

크리페에서 마당은 경험과 움직임을 위한 공간으로서 중요하다. 마당에도 아이들이 가지고 놀 수 있는 놀잇감과 운동 기구가 있다. 날씨가 좋으면, 몇몇 그룹이 마당에 나와서 간식을 먹기도 한다. 그곳에서 아이들은 이동식 차양이 딸린 실외 침대에서 낮잠을 잔다. 마당에는 그룹마다 사용할 수 있는 공간이 따로 정해져 있어서, 아이들은 밖에서도 친숙한 장소, 친숙한 사람들이라는 환경에서 편안하게 지낼 수 있다.

 아이들이 편안하게 적응하고 마음 놓고 지내려면, 크리페의 일과가 분명하고, 간단하고, 오랫동안 기다리는 시간이 없이 자연스럽게 진행되어야 한다. 예컨대 차례로 보육교사의 무릎에 앉아서 음식을 먹는 영아들의 경우, 아이들이 마음의 준비를 할 수 있도록 먹는 순서가 정해져 있는 것이 중요하다. 이렇게 순서가 확실하게 정해져 있으면, 먹을 차례가 될 때까지 기다리면서 조바심을 내거나 먹는 순서 때문에 싸울 필요가 없다. 그보다 큰 아이들이 마당에 나갈 때는, 소수의 인원만 동시에 옷을 입도록 한다. 그러면 아이들은 필요할 때에만 잠깐씩 도움을 받으면서 각자 옷을 입게 된다. 크리페의 일과는 각 아이가 자신의 발달 수준대로 최대한 안전하게 자신의 능력을 발휘하면서 적극적으로 공동의 일상에 참여할 수 있도록 세심하게 조율되어 있다. 크리페의 일과는 아이들이 예측할 수 있도록 날마다 동일하게 진행된다.

 아이들이 내적 안정감을 가지고 편안한 마음으로 원만하게 지내는 것이 피클러 크리페 교사들이 이루고자 하는 목표이다. 하지만 크리페에 새로 들어오는 아이는 먼저 그곳에서 만나는 낯선 사람들, 새로운 일상과 기대 등을 알고, 그런 것들에 익숙해져야 한다. 가정의 습관은 크리페의 습관과 일치하지 않는 경우가 많다. 여러 아이들과 하나의 그룹을 이루어 생활한다는 것은 크리페에 처음 들어오는 모든 아이들에게 도전적인 경험이다.

이 글의 서두에서 언급했던 사회화 과정이 긍정적인 방향으로 이루어지기 위해서는, 아이가 가정과 크리페라는 두 세계 사이에서 심각한 단절을 경험하지 않아야 하며, 이 상이한 두 세계 사이에 이행 과정, 연결점, 가교가 존재해야 한다. 예민한 시기의 아이가 무리 없이 새로운 환경에 적응하도록 도와주기 위해서는, 아이가 크리페에서 기대하는 새로운 행동 양식을 따를 수 있도록 서서히 원만하고 세심하게 이끌어 주고, 일상의 모든 상황에서 어른들과의 원만한 관계가 지속되도록 해야 한다.

이제 크리페에 다니는 영아의 사회성 발달에 특히 중요하다고 여겨지는 다음 사항들에 대해 상세히 다루고자 한다
1) 가정과 크리페 사이의 이행 과정 및 가정과 크리페 간의 소통
2) 크리페에 다니는 아이에게 기대되는 행동 양식에 대한 대처
3) 다른 영아와 함께 같은 그룹에 속하여 생활함으로써 아이에게 주어지는 특별한 도전적 과제, 갈등 상황의 대처, 그룹 구성원의

연령 구조가 그룹의 분위기에 미치는 영향

5. 가정과 크리페

크리페 적응을 위한 길 닦기

아이가 크리페에 처음 적응하면서 겪는 어려움은 개인마다 차이가 있으며, 연령대에 따라 상이하게 나타난다. 처음 크리페에서 보내는 과도기는 모든 연령대의 아이들에게 중요한 시기이며, 이 시기에는 극도로 세심한 보살핌이 필요하다. 엄마나 아빠가 옆에 있는 가운데 새로운 환경을 처음으로 익히기 시작할 때부터 부모와 순조롭게 작별 인사를 하고 혼자 남아서 반 나절을 지내거나 오후 낮잠을 잘 수 있게 되기까지, 아이가 겪는 과도기는 보통 2주일나 그 이상이 걸린다.

아이가 처음으로 크리페에 들어가면, 담당 보육교사가 아이를 받아 적응 기간 동안 곁에서 세심하게 보살핀다. 물론 처음 며칠 동안은 부모 중 한 명(많은 경우 엄마)이 아이와 같은 공간에 머물러 아이가 안심하고 지낼 수 있도록 한다. 처음 며칠 동안은 아이가 담당 보육교사와 단둘이 지낼 수 있는 시간에 크리페에 데려다 주어, 우선 보육교사와 아이가 서로를 좀 더 알아 갈 수 있도록 한다. 낯선 아이들과 만나는 것보다는, 친절한 보육교사와 관심을 끄는 새로운 놀잇감에 익숙해지는 것이 더 쉬운 일이기 때문이다. 하지만 크리페에 처음 들어서는 순간부터 아이는 그곳이 같은 연령의 아이들과 함께 생활하는 장소라는 사실을 알아챌 수밖에 없다. 그렇기 때문에 보육교사와 아이와 엄마는 아이가 속한 그룹의 다른 아이들과 마주치는 현관이나 마당에서도 잠시 시간을 보낸다.

적응 기간 중 처음 며칠 동안은 엄마가 기저귀를 갈고 식사도 도와준다.

아이가 보육교사와 어느 정도 친숙해졌다고 판단되면, 보육교사는 엄마 대신 옷을 갈아입혀 주어도 되겠느냐고 아이에게 묻고는 아이의 반응을 살핀다. 보육교사는 이런 식으로 서서히 엄마가 하던 역할을 넘겨받고, 아이가 허용하는 경우 음식을 먹이거나 혼자 힘으로 먹는 아이의 곁에서 식사를 도와준다. 아이가 아직 마음의 준비가 되어 있지 않으면, 아이와 보육교사 간의 신뢰가 좀 더 쌓일 때까지 엄마가 계속 아이를 돕는다. 그렇게 며칠이 지나면 엄마는 잠시 자리를 비우고, 그 다음에는 아이와 떨어져 다른 공간에 머무는 시간을 점점 늘려가다가, 최종적으로는 크리페 건물 밖으로 나간다.

담당 보육교사가 적응 기간에 있는 아이에게 전념하기 위해서는, 한 그룹에 한 명씩만 새로운 아이가 들어오도록 해야 한다. 적응 기간에 있는 아이가 두 명이라면, 한 아이는 오전에, 다른 아이는 오후에 오도록 한다. 담당 보육교사는 아이의 적응을 책임지며, 따라서 아이에게 지속적인 이야기 상대가 되어 주고 아이를 그룹으로 이끌어 주는 가교 역할을 하게 된다. 또한 아이가 다른 아이들 사이에서 자신의 자리를 찾아가도록 돕는다. 크리페 운영상 쉽지 않은 일이기는 하지만, 담당 보육교사는 자신에게 맡겨진 아이가 적응을 하는 처음 며칠 동안은 항상 크리페 내에 있어야 한다. 그렇다고 해서 담당 보육교사와 아이의 관계가 지나치게 배타적이어서는 안 된다. 그렇게 되면 아이가 다른 보육교사들을 받아들이는 데에 어려움을 느낄 수 있다. 아이가 그룹 내에 잘 적응을 하고 나면, 다른 담당이 아닌 다른 보육교사들과도 가까워져 친숙한 관계를 가질 수 있도록 해야 한다.

크리페에 들어온 지 몇 주일이 지났다고 해서 적응 과정이 완전히 종결된 것은 아니다. 보육교사와의 관계가 안정되고 서로 만나고 함께하는 것이 진정으로 즐거워지려면, 어느 정도 시간이 지나 아이와 교사 모두가 서로에 대해 좀 더 잘 알게 되어야 한다. 새로운 환경에서 진정으로 아이가 편안함을 느끼기까지, 다시 말해서 즐거운 마음으로 먹고 놀게 되기까지 어느 정도의 시간이 필요한지는 아이마다 매우 다르다. 이 과정에서 보육교사들은, 낯선 곳에 적응하는 것이 얼마나 어려우며 엄마 아빠와 분리되어 있는 것이 얼마나 슬픈지 자신도 잘 알고 있다는 것을 행동을 통해 아이에게 전달해 주며, 아이와의 공감을 몸으로 보여줌으로써 아이가 어려움을 잘 극복하도록 돕는다. 또한 보육교사들은 아이와 분리되는 과정에 있는 부모에게 힘이 되어 주며, 자녀가 크리페에서 내적, 외적으로 안전하고 편안하게 잘 지낼 것이라고 확신하도록 돕는다.

개인적인 습관 고려하기

이상으로 피클러 크리페에서 적응 과정이 어떻게 진행되는지 살펴보았다. 많은 영유아 보육기관이 잘 알려져 있는 여러 적응 모델에 따라 적응 과정을 진행할 것이고, 따라서 기관들의 적응 과정이 유사한 모습을 보일 것이다. 이제 부다페스트 소재 피클러 크리페의 몇 가지 사례와 경험을 소개하고자 한다. 이 사례들은, 크리페에 처음 들어온 아이가 새로이 기대되는 행동 양식과 습관에 서서히 가까워질 수 있도록 이끌어 주는 것이 보육교사에게 얼마나 중요한 과제인지 잘 보여준다. 피클러 크리페에서는 갈등이나 급격한 변화나 압력이 없는 가운데 아이가 새로운 환경의 습관에 가까워질 수 있도록 이끌어 준다. 아이가 자신에게 주어지는 새로운 기대가 자신의 인격에 반하는

손씻기에도
흥미를 보인다

것이 아니라 공동체 안에서 잘 지내기 위해 필요한 것이라는 사실을 느끼면, 이는 아이의 사회적 학습과 관련된 중요한 메시지가 된다.

보육교사들은 아이의 개인적인 습관과 관심사를 파악하여 가능한 한 배려하려고 적극적으로 노력한다. 예컨대 아이의 식습관, 입맛, 관심을 갖는 놀이 혹은 수면 리듬 등을 고려한다.

보육교사들은 고무 젖꼭지처럼 아이가 가정에서 하는 몇 가지 습관은 크리페에서도 지속할 수 있도록 받아들인다. 가정에서 하던 습관 가운데에는 크리페에서 수용할 수 없는 것도 있다. 이런 경우에는 기존의 습관에서 크리페에서 가능한 대안으로 넘어가는 점진적인 이행 단계를 마련해 준다. 아이가 크리페에서 제공되는 음식을 거부하는 경우도 있다. 이런 경우에는 아이에게 익숙한 음식을 가정에서 만들어 크리페로 가져와 달라고 요청하여, 크리페에서 제공하는 음식과 나란히 내놓을 수 있다. 시간이 좀 지나면, 아이는 아무런 강요 없이도 새로운 음식을 맛보고는 결국 기꺼이 먹게 될 것이다. 보육교사들은 크리페에서 제공하는 것들에 익숙해지도록 만들겠다는 자신의 의도를 포기하지 않고도, 아이가 새로운 것에 자발적으로 서서히 익숙해지도록 하는 다양한 방법을 동원한다.

크리페에서 처음으로 낮잠을 자는 것은 아이가 민감해질 수 있는 경험이다. 새로운 환경에서 마음 놓고 잠을 잔다는 것은 간단한 일이 아니다. 피클러 크리페에서는 이런 상황에 처한 아이에게 미리 낮잠에 대해 이야기하고, 아이가 앞으로 낮잠을 잘 때 사용하게 될 침대를 보여 주고, 아이의 낮잠 습관과 시간을 물어보고 이를 반영함으로써 사전 준비를 한다. 또한 이런 민감한 상황에 처한 아이를 더욱 안심시켜 주기 위해 아이가 평소에 사용하던 침낭이나 이불을 사용하도록 한다. 그 밖에 아이가 좋아하는 헝겊 인형 등, 잠을 잘 때 이외에도 아이가 과도기를 잘 넘기는 데에 힘이 되어 줄 물건을 옆에 놓아 둔다.

피클러 크리페에서는 아이의 습관과 성향을 배려한다. 이로써 아이는 자신이 어느 정도는 그룹별로 행해지는 일상과 습관을 따를 의무가 있는 동시에, 자신이 좋아하는 것과 싫어하는 것을 표현할 권리가 있는 개인으로서 인정받고 있다는 느낌을 갖게 된다. 아이는 크리페의 어느 누구도 자신에게 아무런 예고 없이 낯선 환경에 일방적으로 적응하고 개성을 포기하도록 강요하지 않는다는 것을 체험한다. 아이가 크리페에서 지내는 내내 보육교사들이 지킬 의무는, 각 아이를 관찰하고, 아이의 성장과 바람과 걱정, 주기적 변화 등을 인식하여, 최대한 이에 대해 적절하게 반응하는 것이다.

적응이란 양측 모두에게 해당하는 것이므로, 아이에게만 일방적으로 적응하도록 강요하지 않는다. 보육교사들은 아이의 인성에 관심을 기울이고, 아이의 표현에 대해 구체적으로 반응을 보이면서 아이에게 다가간다. 예를 들어 보육교사는 놀이 공간에 누워 꼼지락거리는 영아의 손이 닿는 곳에 아이가 전날 열심히 가지고 놀았던 물건을 놓아 둔다. 그러면 영아는 좋아하는 장난감을 쉽게 다시 찾을 수 있을 뿐 아니라, 보육교사가 자신의 관심거리가 무엇인지 알고 돕는다는 것을 느끼게 된다.

무슨 생각을 하는 것일까?

다음과 같은 사례들은 피클러 크리페에서 일하는 보육교사들의 행동을 잘 보여 준다.

11개월이 된 가보르Gabor는 점심 때와 저녁 때 유모차에 태워 이리저리 밀어 주어야 잠이 드는 습관이 있다. 보육교사들의 목표는 언젠가 가보르가 다른 아이들처럼 베란다에 놓여 있는 자기 침대에 누워서 스스로 잠이 드는 것이다. 이들은 편안한 마음으로 스스로 잠을 청하는 아이가 잠들지 않으려고 버티다가 외부의 도움을 받아 잠이 드는 아이보다 훨씬 깊게 잠을 자

고 상쾌하게 깨어날 거라고 확신한다. 어쨌든 가보르가 혼자 힘으로 잠드는 법을 가르치는 길은 멀고도 험하리라고 예견되었다. 보육교사들이 한 자리에 모여 의견을 교환한 후, 우선 담당 보육교사가 가보르를 품에 안고 잠을 재웠다. 그러다가 아이가 거의 잠이 들려고 하면 침대에 누였다. 가보르가 침대에서 울음을 터뜨리면 다시 품에 안았다. 아이가 완전히 잠들 때까지 이를 몇 번이고 반복했다. 얼마 후 가보르는 담당 보육교사 외에 다른 보육교사가 안아 주어도 잠이 들었다. 이로 인해 보육교사 팀을 운영하기가 훨씬 수월해졌다. 시간이 가면서 침대에 눕혀 놓고 쓰다듬거나 나지막하게 이야기만 해 주어도 울음을 그치고 다시 잠이 들기도 했다. 아이는 헝겊 인형을 쥐고 자거나 손가락을 입에 넣음으로써 스스로 울음을 그치는 방법을 터득했고, 그러자 외부의 도움을 필요로 하는 경우가 드물어졌다. 몇 주 동안 진보와 퇴보를 거듭 한 후, 가보르는 크리페에서 자신의 침대에 누워 스스로 잠들 수 있게 되었다. 그로부터 얼마 후에는 집에서도 침대에 누워 스스로 잠들 수 있게 되었다. 이로써 가보르의 엄마도 아이를 돌보는 일이 훨씬 수월해졌다.

생후 18개월인 카티Kati는 크리페에 온 지 이미 2개월이 되었다. 카티는 오전마다 크리페에서 즐겁게 놀며, 보육교사들이 기저귀를 갈아 주거나 옷을 갈아입힐 때에도 기꺼이 응한다. 하지만 카티는 크리페에서 아무 것도 먹지 않으려 했다. 카티를 점심식사에 참여시키기 위해 보육교사들은 여러 가지 시도를 해 보았지만, 아무런 성과가 없었다. 그래서 카티의 엄마는 점심식사 시간이 되면 카티를 집으로 데려가야 했는데, 그렇게 계속 지낼 수는 없는 일이었다.

보육교사들은 여러 가지로 고민한 끝에 한 가지 방법을 생각해 냈다. 카티가 좋아하는 사과를 작게 잘라 접시에 담아서, 카티가 놀이 공간과 욕실을 오가는 길목에 작은 탁자를 놓아 두고 그 위에 사과가 담긴 접시를 두는 것이었다. 사과 접시를 발견한 카티는 얼마 지나지 않아 탁자 곁을 지나면서 사과 한 조각을 집어 입에 넣었다. 그 후 며칠 동안 같은 일이 반복되었지만, 보육교사들은 이에 대해 카티에게 아무 말도 하지 않았다. 마침내 카티는 사과가 담긴 접시 옆에 멈추어 서서 조용히 사과를 몇 조각 먹어 치웠다. 그러고 나서는 영아용 식탁에 앉아 사과를 먹기 시작했고, 얼마 후에는 다른 음식도 먹게 되었다.

레온은 만 3세가 되기 조금 전에 크리페에 들어왔다. 레온은 크리페에 들어오기 전부터 식습관이 매우 좋지 않았다. 식사 시간마다 집안에는 한바탕 소동이 벌어졌고, 항상 큰 소리가 오가고 음식을 억지로 입에 넣는 것으로 끝났다. 크리페에 적응하는 기간에 엄마가 곁에 있을 때에도 레온은 아무 것도 먹지 않았다. 시간이 지나 크리페에 상당히 잘 적응하여 지내게 되었지만, 레온은 식사 시간이 되어 불러도 좀처럼 식탁으로 오지 않았다. 레온은 식탁에서 멀리 떨어진 구석으로 도망가거나, 반대 방향으로 가거나 숨어버렸다. 보육교사들은 고민 끝에 의견을 나누고는 영아용 식탁에 레온이 좋아하는 음식을 따로 놓아 두었다. 레온은 유아용 식탁에 앉아 음식을 몇 입 먹다가 중간중간에 놀기도 하고, 이따금씩은 놓아둔 음식에 전혀 손을 대지 않기도 했다. 시간이 지나면서 레온이 영아용 식탁에서 식사를 하라는 제안을 받아들이는 횟수가 잦아졌다. 그럴 때 중요한 것은, 레온이 음식을 먹도록 강요 받는다는 느낌을 받지 않고, 식사를 할 것인지 여부와 식사량을 스스로 결정하도록 해 주는 것이었다. 그로부터 몇 주 후 레온은 다른 아이들과 함께 식탁에 앉아 식사를 하게 되었다. 이 시기에도 레온은 식사를 할 것인지 여부를 여전히 스스로 결정했다. 때로는 음식의 맛만 보는 정도에 그치기도 했고, 때로는 즐거운 얼굴로 자신에게 주어진 양을 맛있게 전부 먹기도 했다. 아마도 무엇을 얼마만큼 먹을 것인지 스스로 결정하는 경험이 충분히 축적

되고 나면, 언젠가는 다른 아이들처럼 편안하게 식사를 할 수 있게 될 것이다.

이 사례들은 쉽게 해결할 수 없는 상황에 관한 것이다. 여럿이 함께 고민하여 사안마다 달리 해법을 찾아야 했던 사례들이다. 이와 유사한 상황을 단번에 해결할 수 있는 특별한 해법이란 없다. 아이가 어느 영역을 유난히 어려워할 때에도 아이와 함께 이를 해결할 신중한 방법을 찾는 것이 피클러 크리페 보육교사들의 특징적인 자세라 할 수 있다.

적응기의 아이에게 도움이 되는 것들

아이들이 자신이 속한 가정과 크리페를 완전히 별개의 세상으로 인식하지 않고, 이 두 세상이 구체적으로 연결되어 있다는 것을 인식하는 것이 중요하다. 하나의 생활 공간에서 다른 공간으로 넘어가는 과정을 수월하게 만들어주고, 크리페에 있는 동안에도 가정이라는 세상이 존재한다는 것을 아이가 확신하도록 만들어주기 위해서는 다음의 몇 가지 사항이 도움이 될 것이다.

개인 소유의 장난감 : 아이들에게는 저마다 특별히 좋아하는 헝겊 인형처럼 "적응기에 힘이 되는 물건"이 있다. 아이들이 원하는 경우, 지나치게 눈에 띄지 않는 장난감 하나 정도는 크리페에 가지고 올 수 있도록 해 준다. 아이들이 가지고 온 개인적인 물건 중 계속 가지고 다니지 않는 것은 정해 놓은 장소에 보관하고, 아이들이 원할 때마다 꺼내 준다. 집에서 가지고 놀던 자신의 물건을 지니고 있으면, 아이들은 자신이 생활하는 두 개의 생활 공간이 하나로 연결된다고 느낀다. 그래서 어떤 아이는 헝겊 인형을 늘 들고 다니며, 또 어떤 아이는 자신이 좋아하는 새 인형을 친구들과 보육교사들에게 보여 주고 싶어한다.

개인 소유의 장난감에 대해서는 소유자가 마음대로 할 수 있으며 다른 사람들은 이를 인정한다는 것을 규칙으로 한다. 다른 사람들이 자신의 소유권을 존중해 준다는 것을 체험한 아이는 자신 또한 다른 사람의 소유권을 존중하는 법을 배운다. 아이가 집에서 가지고 온 헝겊 인형이나 수건 같은 것은 아이가 낮잠을 잘 때에도 도움이 된다.

사진 게시판 : 아이들의 가족 사진을 붙여 두는 게시판도 도움이 된다. 아이들은 언제든 게시판으로 가서 사진을 볼 수 있다. 아이들은 다른 아이들이나 보육교사와 함께 자기 가족 사진에 대해 이야기하기를 좋아한다. 가족 사진을 보면서 아이들은 가족이 사라진 것이 아니라는 사실을 더 잘 이해하게 된다. 크리페에서 함께 생활하는 사람

들이 자신의 가족에 대해 알고 있고, 또 자신이 집으로 돌아가는 것을 당연하게 여긴다는 사실이 아이의 마음을 안심시켜 준다. 하지만 아이들은 가족을 그리워할 때만 사진을 보러 가는 것이 아니다. 기분이 좋으면 게시판으로 가서, "자기 가족"의 사진을 가리키거나 다른 가족의 사진을 가리키면서 자기 가족에 대해, 그리고 자기 집에서 일어났던 일에 대해 이야기를 나누기도 한다.

가정과 크리페 사이의 연계

등원할 때 나누는 대화 : 아침에 아이가 크리페에 도착했을 때 오후에 아이를 집으로 데려갈 때 보육교사, 가능한 한 담당 보육교사와 부모가 간단한 대화를 나눈다. 예를 들어 아침에는 보육교사가 아이의 부모로부터 지난 밤에 아이가 잘 잤는지, 아이가 집에서 어떻게 지냈는지 등을 듣는다. 보육교사가 이렇게 대화를 나누는 것은 단지 유용한 정보를 얻는 것이 아니라, 보육교사가 아이의 가정이라는 세상과 아이가 개인적으로 겪은 일에 대해 알고 있으며 관심을 갖고 있다는 사실을 아이에게 전달해 주는 역할을 한다.

생후 26개월이 된 이본느Yvonne의 엄마는 아이를 보육교사에게 맡기면서, 전날 이본느가 가족들과 함께 동물원에 다녀왔다

고 알려 주었다. 오후가 되어 낮잠을 잘 수 있도록 도와주던 보육교사에게 이본느가 갑자기 생각난 듯, "코끼리, 아주 커."라고 말했다. "그래, 동물원에서 코끼리 봤지? 코끼리는 정말로 아주 커." 하고 보육교사가 대답했다. 이본느는 환한 얼굴로 말했다. "응, 원숭이도! 원숭이가 기어 올라가!" 이본느가 전날 경험한 것에 대한 두 사람의 대화는 잠시 더 이어졌다. 그러고 나서 이본느는 만족스러운 얼굴로 잠들었다. 아이를 건네받는 과정에서 아이의 엄마와 나눈 대화는 보육교사가 이본느의 말을 제대로 이해하고 아이가 경험한 것에 대해 대화를 나누는 데 도움이 되었다.

오후에 보육교사는 아이를 데리러 온 부모에게, 아이가 크리페에서 지내는 동안 무엇을 하며 지냈는지, 점심을 먹을 때는 어땠는지, 등 자신이 관찰한 것을 구체적으로 알려 준다. 이 과정에서 보육교사는 아이의 활동과 태도를 긍정적이고도 소중히 여기는 마음으로 전하려고 애쓴다. 아이가 한참 동안 집중해서 마당에 있는 모든 모래 양동이를 한 줄로 세워 놓고 작은 돌과 나뭇잎을 집어넣었다가 다시 쏟아 낸 다음, 다른 곳에 다시 한 줄로 세워 놓았다고 즐겁게 이야기하는 것이다. 이로써 보육교사는 아이의 자발성을 중시하는 자신의 교육 태도도 부모에게 간접적으로 알려 준다. 아이를 보살피면서 어려운 상황도 있었지만, 예의 바른 단어를 선택하여 아이의 행동을 비난하는 일을 삼간다. 보육교사가 중요하게 여기는 것은 아이에 대해 불평을 늘어놓는 일이 아니라, 아이가 크리페 내에서 좀 더 잘 적응하여 편안하게 생활할 수 있도록 돕는 일이다. 만약 아이에 대한 불평을 늘어놓는다면, 부모와 자녀 사이, 또는 부모와 보육교사 사이에 갈등이 생길 것이다. 보육교사의 목표는 아이의 부모와 긴밀하고 신뢰 깊은 협조를 이루는 것이다.

알림장 : 아이가 무슨 놀이를 하며 어떻게 노는지, 크리페에 다니는 아이 중 누구를 특별히 좋아하는지, 잠자는 것은 어떤지, 무엇을 얼마만큼 먹는지, 등을 몇 주 간격으로 자세하게 기록해서 전하는 것이 알림장이다. 알림장은 가정과 크리페 사이에서 오고 가며 아이에 관한 사항을 전달하는 기능을 한다. 1년이 지나면, 부모는 담당 보육교사로부터 알림장을 받아 간직하게 된다. 알림장은 부모에게 자녀에 관한 정보를 전달하는 것 외에도, 훗날 자녀가 크리페에 다니던 시절을 기억할 수 있도록 한다는 의미도 있다. 한 아이에 대해 정확히 기록하는 일은, 보육교사가 자신에게 맡겨진 아이들에게 항상 관심을 갖고 주의 깊게 살펴보고 아이들의 성장에 관해 생각하는 데에도 도움이 된다.

부모 회의 및 부모 상담 : 크리페 내 모든 그룹의 영유아 부모를 대상으로 정기적으로 부모 회의를 열어, 특정한 교육적 주제에 관해 이야기를 나눈다. 또한 각 그룹 영유아의 부모와 보육교사들이 참여하는 부모 회의도 개최한다. 필요한 경우, 각 가정별로 학부모 상담을 진행하여, 해당 아이에 관해 중점적으로 이야기를 나누기도 한다.

크리페에서 기대하는 행동

크리페에서 아이가 마주치는 기대와 행동은 집에서와는 다른 것이 많다. 아이의 적응 부담을 덜어 주려면, 크리페의 관습에 상응하는 행동을 아이가 즉각적으로 이행하도록 기대하지 않고, 아이가 크리페에서 주어지는 새로운 기대에 아무 충돌 없이 서서히 친숙해지는 것을 기대해야 한다. 보육교사는 자신의 의도를 염두에 두면서도 아이에게 충분한 적응 시간을 준다. 보육교사들은 다양한 방식으로 아이의 협조를 구하려 노력한다.

> 생후 20개월이 된 에디트Edit는 집에서 우유병을 손에 들고 놀다가 수시로 마시는 습관이 있다. 우유병을 입에 물거나 손에 들고 집안을 이리저리 다니면서 마시기도 한다. 크리페에서는 정해진 자리에서 우유를 마시고 우유병이나 컵을 다시 선반 위

에 올려 놓도록 되어 있다. 처음 크리페에 왔을 때, 에디트는 우유를 마신 후 우유병을 들고 다니면서 놀았다. 보육교사들은 에디트에게 우유병을 다시 선반에 세워 두라고 말하면서, 우유병을 선반에 두면 손이 자유로워져서 놀기에도 좋고, 나중에 다시 마시고 싶을 때 찾기도 쉽다고 설명했다. 에디트가 곁에 우유병을 놓아 두고 놀면, 보육교사는 에디트의 저항에 유념하면서 우유병을 집어 다시 선반 위에 세워 두고는 에디트에게 다시 이유를 설명했다. 에디트는 주위 사람들이 자신에게 기대하는 것이 무엇인지 서서히 이해하기 시작했다. 한동안 에디트는 우유병을 놓아 두는 선반 가까이에서 주로 놀면서, 걸핏하면 선반에서 우유병을 꺼냈는데, 그래도 대부분 다시 선반 위에 세워 두었다. 그 뒤로도 얼마 동안 보육교사들은 에디트에게 크리페에서 기대하는 것을 반복적으로 상기시켜 주었다. 새로운 환경에 편안하게 적응하고 난 후, 에디트는 더 이상 선반 가까이에서만 머물지 않고, 그룹이 사용하는 공간 전체에서 자유롭게 놀기 시작했다. 이제 에디트는 정말로 목이 마를 때만 우유병을 꺼내 마시고는 다시 선반 위에 세워 둔다.

보육교사들은 에디트가 자신을 향한 새로운 기대를 이해하고 익숙해질 때까지 충분히 시간을 주었다. 우유병을 들고 다니면서 노는 것

"나도 같이 하고 싶어."

이 크리페에서 기대하는 행동은 아니었지만, 그렇다고 그것이 위험한 행동도 아니었기 때문에, 보육교사는 에디트가 자신을 향한 기대 행동을 점차적으로 받아들이고 고려할 때까지 기다릴 수 있었다. 위험이 따르지 않는 한, 기대 행동은 아이가 잘 지내는 것보다 중요하지 않다. 그렇다고 해서 보육교사가 아이에게 기대하는 바를 완전히 포기하는 것은 아니다. 보육교사는, 에디트가 새로운 기대를 내면화하고 크리페 생활이 집에서처럼 편안하게 느껴지면 자신의 요청을 따르리라는 것을 믿었다.

공동체가 기대하는 바를 새로운 구성원에게 전달하는 데는 정해진 방법이 없다. 어른들은 아이와 공감하는 태도를 보임으로써, 어떻게 하면 아이가 자신의 요구를 따를 것인지를 몇 번이고 새로이 감지해야 한다. 보육교사는 예를 들어 놀잇감을 둘러싼 여러 가지 규칙에 관해서는 기대 행동을 두고 타협하지 않는다. 그래서 다른 아이가 가지고 노는 놀잇감을 빼앗으면 안 되며, 새로운 놀잇감을 찾거나 다른 아이가 놀잇감을 스스로 내놓을 때를 기다리면 된다고 설명한다. 하지만 이들은 아이가 새로운 관습에 익숙해지는 것은 어느 정도 시간이 걸리는 과정임을 잘 알고 있다.

아이들에게 분명한 행동 기준을 전달하려면, 보육교사 전체가 먼저 크리페의 규칙과 기대 행동을 명확히 정해 놓아야 한다. 그런 기대 행동과 규칙은 아이들의 발달 상황에 적절하게 맞추어 나가다 보면 바뀌게 된다.

시간이 지나 아이가 크리페의 기대 행동에 대해 이미 알고 있는 시기에도, 아이가 의식적으로 혹은 무의식적으로 기대에 반하는 행동을 하는 경우가 생겨난다. 이런 경우에도 보육교사들은 아이와의 관계에 지장을 주지 않는 방식으로 반응해야 한다. 어른과의 확고한 관계에 의존하는 아이가 보육교사로부터 개인적으로 거부당했다고 느끼게 되면, 그 아이는 정서적으로 불안한 상태에 빠질 수 있다. 아이에게 욕을 하거나 창피를 주는 것은 크리페의 기대 행동을 관철하는기 위한 방법이 될 수 없다.

보육교사가 아이의 특정한 행동을 분명하게 거부한다고 하더라도, 이는 인격체로서 아이 자체를 거부하는 것은 아니다.

생후 20개월인 톰Tom은 욕실에 깔아 놓은 단단한 방석 위에 서서, 기저귀를 갈아 주는 보육교사를 가만히 살펴본다. 톰은 보육교사가 세면대의 수도꼭지를 여는 모습을 살펴보고 똑같이 따라 한다. 보육교사는 수도꼭지를 잠그고, 톰에게 수도꼭지를 가지고 장난치지 말라고 요청한다. 보육교사가 다시 기저

귀를 갈아 주는 것에 집중하자, 톰은 다시 수도꼭지를 열고는 보육교사를 빤히 쳐다본다. 보육교사는 몇 마디 말을 하면서 수도꼭지를 다시 잠근다. 이어서 톰이 다시 한 번 수도꼭지를 열려고 하자, 수도꼭지 자체를 손으로 가려 버린다. 보육교사는 다시 한 번 톰에게 진지하지만 차분한 목소리로 수도꼭지를 가지고 장난치지 말라고 말한다. 마침내 톰은 더 이상 수도꼭지를 가지고 장난치지 않는다. 보육교사는 화난 기색이 전혀 없이 기저귀 갈아 주는 일을 마무리한다. 보육교사는 자신이 기대하는 바를 끈기 있게 반복했으며, 아무런 갈등 상황을 유발하지 않고 관철시켰다.

아이들이 크리페의 기대 행동을 줄곧 준수하지는 않는 데는 여러 가지 이유가 있다. 크리페에서 지낸 지가 오래 되지 않아서 관례를 알지 못할 수도 있고, 지금까지와는 다른 행동에 익숙해지는 데 시간이 걸리기 때문일 수도 있다. 때로는 자신에게 요구되는 바를 정확히 이해하고는 있지만, 이와 반대되는 행동을 하면 보육교사가 어떤 반응을 보일지 알고 싶어 하는 경우도 있다. 하지만 아이는 자신이 원하는 것과 보육교사의 기대하는 것 사이에서 내적으로 심한 갈등을 겪고 있기 때문에, 스스로 행동을 자제하면서 자신이 잘 알고 있는 주위의 기대대로 행동하는 것을 매우 어려워하기도 한다.

예컨대 마당에서 놀 때, 모래는 모래놀이통 안에 그대로 두어야 한다는 것을 아는 아이라도, 모래를 밖으로 퍼내고 싶은 마음을 자제하기란 쉬운 일이 아니다.

피클러 크리페의 보육교사들은 아이들에게 기대하는 행동을 부정적인 말을 쓰지 않으면서 간접적으로 표현할 때가 많다. 이로써 대놓고 구속이나 요구를 이야기하지 않으면서도 아이들에게 원하는 행동이 무엇인지 암시해 준다.

> 생후 26개월의 남자아이 벨라Bela는 크리페의 놀이 공간의 목재 단상으로 이어지는 나지막한 경사면을 오르락내리락하고 있다. 벨라는 즐거운 표정을 지으며 같은 행동을 몇 번이고 반복한다. 벨라와 나이가 같은 사무엘Samuel이 단상으로 가까이 와서 벨라 맞은편의 경사면으로 올라간다. 그러자 벨라의 표정이 바뀐다. 사무엘로 인해 신경이 쓰이는 것 같은 기색이다. 벨라는 경사면을 끝까지 올라가더니 사무엘을 옆으로 밀치려고 한다.
>
> 그러자 보육교사가 아이들에게 말한다. "너희 둘 다 단상 위에 있구나. 서로 몸이 닿지 않게 지나가기가 쉽지 않겠네." 이 말을 들은 벨라와 사무엘은 몸을 조금씩 젖혀 서로에게 약간의 자리를 내주면서 단상 위를 조심스럽게 지나간다.

보육교사는 직접적으로 요구하거나 경고하지 않으면서도, 벨라가 사무엘을 밀치고 싶은 마음을 자제하고 상황을 긍정적으로 해결해 나가도록 이끌어 준 것이다. 또는 다음과 같이 구체적으로 제안할 수도 있을 것이다.

"단상 위가 좁구나. 서로 조금씩 비키면 무사히 지나갈 수 있겠구나."

이렇게 말해 주면, "너, 그 애 밀면 안 돼!"라는 경고와는 달리 들릴 것이다. 보육교사들이 아이들의 행동에 대해 평온하게 이야기할 수 있는 것은, 이들이 아이들을 대할 때 가지고 있는 내적인 마음가짐과 전반적으로 차분하고 평화로운 크리페 내 분위기에 기인한다. 크리페의 일과가 복잡하지 않고 예측 가능하여 아이들에게 안정감을 주며, 아이들을 향한 기대가 명확하며, 보육교사들이 아이들을 존중하고 배려하기 때문에, 크리페의 기대 행동이 아이들에게 평온하게 전달될 수 있는 것이다.

6. 다른 아이들과 함께 생활하기

사회성 학습이라는 과제

나이가 비슷한 여러 명의 아이와 함께 생활한다는 것은 아이에게 무엇을 뜻할까? 일반적으로 아이들은 같은 연령대 아이들에게 많은 관심을 보인다. 길을 가다가 같은 나이의 아이를 만나면 호기심을 보인다.

놀이를 하는 아이들은 함께 잘 놀다가도 금세 갈등을 빚는다

하지만 오랫동안 다른 아이들과 함께 지내고, 서로 가까워지고, 공동체 속에서 장난감을 손에 넣기 위해, 혹은 어려운 일이 생겼을 때 자신을 지키기 위해 자신의 이익을 추구하는 것은 영아가 해결하기에는 쉽지 않은 과제이다. 아직 언어 표현이 서툰 아이들끼리 서로 의사표시를 하는 것을 쉬운 일이 아니다. 아이들끼리 나누는 말은 부모나 보육교사가 하는 말처럼 명확하고 분명하지 않다. 많은 아이들은 자신의 행동이 다른 사람에게 어떤 영향을 줄지 생각하지 않은 채, 자신이 원하는 것을 실현하려 한다. 예를 들어 다른 아이가 가지고 놀고 있는 장난감이 마음에 들면 아무 생각 없이 빼앗아 버리는

것이다. 영아들은 상대방을 아프게 할 수 있다는 것을 의식하지 못한 채, 옆에 누워 있는 아이의 몸을 탐색하기도 한다. 반면에 자신이 원하는 것을 매우 빨리 포기하는 아이들도 있다. 이런 아이들은 다른 아이가 가까이 오기만 해도 손에 쥐고 있던 장난감은 놓아 버린다. 다른 아이들과 함께 지내다 보면, 몸을 움직이다가 실수로 상대방을 밀어 넘어뜨리기도 하고, 다른 아이의 발에 걸려 넘어지기도 하고, 옆에 있는 아이를 밀치기도 하는 등, 크고 작은 사고가 일어난다. 고의가 아닌 충돌에서는 그렇지 않지만, 다른 아이들을 물어뜯거나 때리고 나서야 진정하는 공격적인 충동성을 가진 아이들도 적지 않다. 이런 일을 겪으면, 아이들은 다른 아이들과 함께 지내는 것이 위험하다고 느낄 수 있다.

아이들 간의 갈등은 어느 정도까지는 학습 과정에 속하며, 전체 분위기를 주도하지 않고 원만하게 해결된다면 아이들에게 유익한 경험이다. 예를 들어 아이들은 장난감을 제일 먼저 가지고 놀기 시작한 사람이 그 장난감을 사용할 권리가 있다는 것을 갈등을 통해 배울 수 있다. 또한 아이들은 "강한" 아이들로부터 자신을 보호하는 방법도 배울 수 있는데, 예를 들어 자신이 고른 장난감을 가지고 조용한 구석으로 가서 노는 것이다. 다른 아이들이 장난감을 빼앗으려 들어도 포기하지 않고 지키는 법을 배운다. 다른 아이들과 소통하는 법, 함께하는 놀이를 생각해 내고 놀이에 관한 약속을 정하는 법도 배운다. 또는 다른 아이가 함께 놀고 싶어하지 않으면 이를 받아들이는 것도 배운다. 상대방에게 다른 장난감을 주면서 상대방이 갖고 있던 장난감과 교환하면, 다른 사람에게 피해를 주지 않고 자신이 원하는 것을 실현할 수 있다는 것도 배운다.

한창 놀고 있는 몇 명의 그룹과 함께 어울려 놀려면 어떻게 해야 할까? 어떤 아이와 함께 놀고 있는데 다른 아이가 방해를 하면 어떻게 해야 할까? 지금 이 순간은 혼자 있고 싶다는 것을 다른 아이에게 분명히 알리려면 어떻게 해야 할까?

여러 아이들과 하나의 그룹을 이루어 지내는 아이들은 하루 종일 이와 유사한 여러 질문에 직면한다. 이들은 특정한 상황에서 자신이 어떻게 행동해야 하는지, 다른 아이의 극히 다양한 행동에 어떻게 반응해야 하는지, 등에 관한 중요한 사회적 학습을 해 나가야 한다. 보육교사들은 아이들의 상호 작용을 주의 깊게 인지하고, 필요한 경우 아이들 사이에서 중재자 역할을 맡아 공동생활을 수월하게 만들 조언을 해 준다.

아이들 사이에 갈등이 발생할 때 보육교사의 역할

아이들이 그룹 내에서 사회적 학습 과정을 거치면서 다른 아이들과 갈등을 겪으면, 보육교사들의 도움과 직접적인 지도가 필요한 때가 많다. 일반적으로 어른들은 갈등을 꺼리며 이를 피하려는 경향이 있다. 실제로 정도가 심한 갈등이 지나치게 자주 일어나는 것은 바람직하지 않다. 기본적인 분위기가 평온하고 정서적으로 안정되어 있으면, 분위기가 불안정하고 시간이 촉박한 경우보다 갈등 상황을 해소하기가 좀 더 수월하다. 아이들의 욕구에 상응하여 크리페의 일과를 구성하고, 보육교사와 아이들 간에 평온하고 개인적인 만남이 이루어지면, 그룹 내 아이들이 서로를 대할 때에도 대부분 원만한 태도를 보인다. 하지만 전반적으로 분위기가 좋은 그룹이라도 보육교사의 개입이 필요할 정도의 갈등이 발생하는 것은 자연스러운 일이다.

보육교사는 아이들 간의 모든 갈등에 같은 방식으로 반응하지 않는다. 갈등이 발생하면, 처음에는 아이들이 스스로 해결할 수 있는지 눈에 띄지 않게 지켜보기만 한다.

하지만 아이들과 이야기를 나누고 갈등 상황에서 벗어날 방법을 알려줄 필요가 있는 경우가 많다. 예컨대 장난감 하나를 두고 두 아이가 다투고 있다면, 보육교사는 주변에 놓여 있는 비슷한 장난감을 가리키면서 갈등을 해결할 방법을 알려 준다. 보육교사가 두 아이와 이야기를 나눌 때는, 누가 잘못했는지 골라내고 도덕적 훈계를 하기보다는 사건을 더 크게 벌이지 않으면서 아이들에게 도움을 제안하고 갈등 상황에서 벗어날 방법을 보여주는 것에 중점을 둔다.

하지만 이와는 달리, 한 아이가 물리거나 맞거나 신체적으로 괴롭힘을 당하여 혼자 힘으로 빠져나오기 힘든 경우에는 즉시 아이들을 도와 주어야 한다.

이런 공격적인 행동이 중단되고 나서도 어른이 황급하거나 흥분된 행동을 하는 것은 아무런 도움이 되지 않는다. 보육교사는 아이들을 떼어놓고 양측 모두와 상황에 대해 간결하고 분명하게 이야기를 나눈다. 아이들이 진정하고 나면, 다른 놀이를 하도록 권유한다. 어떤 경우에도 가장 중요한 것은, 아이들에게 창피를 주거나 한쪽 편에 서서 다른 쪽에게 유죄 판결을 내리는 재판관의 역할을 하는 것이 아니라, 아이들에게 도움을 주는 것이다.

갈등 상황에 있는 아이들의 곁에서 함께 하는 것은 교사의 임무가 아니다. 보육교사는 아이들을 대신하여 갈등을 해결해 줄 수 없다. 또한 아이들의 갈등에 너무 일찍, 지나치게 강력하게 개입해서는 안 된다. 그렇게 하면 아이들에게서 스스로 문제를 해결할 기회를 빼앗아 버리는 셈이 된다. 하지만 어른이 지나치게 개입을 자제하는 것도 위험의 소지가 있다. 예컨대 눈 앞에서 아이들이 주먹다짐을 하며 싸우는데도 어른이 아무 반응을 보이지 않는다면, 아이들은 이를 자신의 폭력적인 행동에 동의하는 것으로 해석하게 된다. 아이들은 감정적으로 격한 다툼을 겪을 때 어른들의 도움을 받을 권리가 있다.

모든 갈등 상황은 개별적이다. 갈등 상황에 개입하는 어른은 각 상황마다 아이들을 "눈으로" 지켜봄으로써 동행해야 할지, 아니면 "입으로" 또는 "손으로" 개입함으로써 동행해야 할지를 매번 새로이 결정해야 하며, 어떤 말이나 몸짓이 아이들에게 도움이 될지 감지해야 한다.

이와 관련하여 몇 가지 사례를 살펴보자.

> 만 13개월인 마리Marie는 부모와 자녀가 함께 참여하는 놀이 그룹에서 여러 가지 크기의 플라스틱 그릇을 가지고 놀고 있다. 마리는 작은 그릇으로 큰 그릇을 리듬에 맞추어 두들기며 신나게 놀고 있다. 마리와 나이가 같은 셀마Selma가 마리가 노는 모습을 유심히 지켜보더니, 가까이 다가와서 마리가 들고 있는 작은 그릇을 빼앗으려 한다. 마리는 자신이 가지고 놀던 장난감을 빼앗기지 않으려 꼭 쥐고는 화가 나서 소리를 지르더니, 들고 있던 그릇으로 셀마의 등을 내려치기 시작한다. 셀마는 아파서 소리를 지르며 한 발자국 뒤로 물러난다. 셀마는 금속 그릇을 발견하자마자 손에 들고 또 다른 플라스틱 그릇을 두들기며 마리를 따라 하기 시작한다. 그리고 두 아이는 평온한 분위기 속에서 서로를 모방하며 계속 논다.

안톤*Anton*과 발렌틴*Valentin*은 *20개월과 21개월이 된 남자아이들이다.* 안톤은 기어오르는 용도의 상자 가장자리에 플라스틱 컵 여러 개를 조심스럽게 일렬로 세워 놓으며 놀고 있다. 발렌틴은 바닥에 여러 모양의 블록과 자동차, 그릇을 모아 두었다. 그 중에는 안톤이 일렬로 세우는 중인 플라스틱 그릇도 하나 포함되어 있다. 안톤은 더 이상 세워 둘 그릇이 보이지 않자, 방안을 둘러보다가 발렌틴이 모아둔 플라스틱 그릇을 발견한다. 안톤은 약간 머뭇거리다가 발렌틴이 모아 둔 물건 더미로 가더니 플라스틱 그릇을 집어든다. 그것을 본 발렌틴이 소리친다. 안톤은 플라스틱 그릇을 다시 내려놓는다. 안톤은 주위를 둘러보더니 쌓기놀이에 쓰이는 네모 모양의 그릇을 발견한다. 안톤이 네모 모양의 그릇을 발렌틴에게 건네주자, 발렌틴은 그것을 받아 든다. 안톤은 다시 플라스틱 그릇을 집어 들고 무언가를 묻는 듯한 표정으로 발렌틴을 바라본다. 발렌틴은 잠시 생각하는 듯한 표정을 짓다가 안톤이 제안한 물물교환을 받아들여, 네모 모양의 그릇을 플라스틱 그릇이 놓여 있던 자리에 둔다. 두 아이들은 계속 논다.

이 두 가지 사례에서 아이들은 갈등을 스스로 해결했다. 갈등이 일어난 것은 다른 아이에 대한 적대감 때문이 아니라, 다른 아이의 놀이 혹은 놀이 도구에 대해 관심이 갔기 때문이었다. 셀마가 다른 그릇을 발견하자 마리와의 갈등이 해결되었다. 이 경우 놀이 그룹의 담당 교사가 개입했더라면, 아이들은 당황했을 수도 있다. 만약 셀마가 다른 그릇을 발견하지 못했더라면, 담당 교사가 간접적인 해법의 일환으로 아이들이 눈치 채지 못하도록 셀마의 주위에 다른 그릇을 살짝 놓아두는 것도 방법이었을 것이다. 두 아이 중 어느 하나도 그 자리에 있던 어른에게 도움을 요청하는 눈길을 보내지 않았다는 사실 또한 특이했다.

안톤과 발렌틴의 사례에서는 안톤이 물물교환을 주도했다. 이런 행동을 할 수 있다는 것 자체가 이미 사회적 학습 과정의 결과를 보여주는 것이다. 안톤은 자신이 아무런 대체물을 제공하지 않으면 발렌틴이 가지고 있는 물건을 양보하지 않으리라는 것을 이미 알고 있었다. 타인에게서 존중받은 경험이 있는 아이들에게서는 이와 같이 사회적으로 지혜로운 전략을 사용하는 줄 아는 경우를 자주 접할 수 있다. 하지만 한 물건을 다른 물건과 교환하자는 제안이 이 사례와 같이 항상 받아들여지는 것은 아니다.

이와는 다른 사례를 한번 살펴보자.

만 2세인 루이스Luis는 부모와 자녀가 함께 참여하는 놀이 그룹에서 구름사다리 위에 올라가 있다. 루이스는 구름사다리를 건

너가고 싶지만, 머뭇거리고 있다. 지금까지 구름사다리에 올라가 본 적이 별로 없으며, 끝까지 건널 수 있다는 자신감도 없었다. 그때 사라Sara가 구름사다리 위로 올라와 루이스 바로 옆까지 와서 루이스에게 옆으로 비키라고 재촉한다. 루이스는 어쩔 줄을 몰라 구름사다리 발판을 꼭 붙들고 울음을 터뜨린다.
조금 떨어진 곳에 서서 상황을 지켜보던 놀이 그룹 담당 교사가 사라를 향해 루이스에게 자리를 좀 내어 주고 잠시만 기다려 주겠느냐고 요청한다. 사라는 담당 교사의 요청에 별다른 반응을 보이지 않는다. 담당 교사는 사라에게 다가가, 루이스가 위로 계속 올라가거나 다시 내려가려면 움직일 수 있는 자리와 시간이 필요하다고 설명한다. 그러자 사라는 한 칸 아래로 내려가 가만히 기다린다. 루이스가 안심을 한 듯한 표정을 짓는다. 담당 교사가 루이스에게 다가가, 사라가 기다려 주기로 했으니 계속 올라가도 좋다고 이야기한다. 루이스가 구름사다리 위로 올라가고 사라가 루이스의 뒤를 따라 올라간다.

여기에서 담당 교사는 말로써 갈등 상황을 해결할 수 있었다. 루이스가 위급한 상황에 있었기 때문에, 아이들이 스스로 문제를 해결할 때까지 오랫동안 기다리지 않고 신속하게 반응했다. 갈등이 해결되고 나서도, "잘못된" 행동을 했다고 사라를 야단치지 않았다. 놀이 그룹의 담당 교사는 아무런 비판도 하지 않은 채, 구름 사다리 위에서 상대방을 재촉하지 말라는 기대를 간접적으로 표현했다.

또 다른 사례를 살펴보자.

> 필립Philip과 레아Lea는 크리페 마당에 있는 모래 상자 안에서 놀고 있다. 다른 아이들과 이야기를 나누던 보육교사 귀에 갑자기 있는 힘을 다해 외치는 레아의 목소리가 들린다. 두 아이가 있는 곳을 돌아다보니, 필립이 플라스틱 배를 가지고 모래 상자 안에 앉아 있는 레아의 머리를 계속 때리고 있다. 보육교사는 이야기를 나누고 있던 아이들에게 잠시만 기다리라고 말하고, 모래 상자 쪽으로 달려간다. 보육교사는 필립에게 레아를 때리지 못하게 막고, 단호한 그렇게 다른 사람을 때리면 아프니까 무슨 일이 있어도 때리면 안 된다고 아이에게 말한다. 가만히 보니, 필립 또한 무척 흥분한 상태이다. 필립은 화가 잔뜩 난 얼굴로 "내 양동이!"라고 소리친다. 보육교사는 레아의 머리를 쓰다듬으면서, "많이 아팠겠구나." 하고 말한다. 그리고 나서 필립의 등을 쓰다듬어 주면서, 양동이를 몇 개 더 가져다 줄 테니 그것을 가지고 계속 놀면 되지 않겠느냐고 말한다. 두 아이가 모두 진정하자, 보육교사는 모래 상자에서 가지고 놀기에 좋은 장난감을 몇 개 더 가져다 준다. 필립과 레아는 서로 조금 떨

어진 곳에서 각자 놀이에 다시 집중한다. 보육교사는 다른 아이들에게 돌아가서 아까 중단했던 이야기를 계속 나눈다.

이 상황에서 보육교사는 "손과 말을 통해" 즉각 개입한다. 보육교사는 가능한 한 빨리 공격적인 행동을 중단시키지만, 흥분을 하거나 화를 내지는 않는다. 필립에게 자신이 기대하는 바를 전달할 때에는 매우 단호하고 명확한 태도를 보이지만, 그의 행동을 비난하거나 화를 내지 않는다. 보육교사가 중요시하는 것은 어떻게 싸움이 시작되었는지 알아내거나 아이들에게 판결을 내리는 것이 아니라, 상황을 종결시키고, 아이들에게 도움을 주고, 아이들을 진정시키고, 다시 사이 좋게 지내도록 만들어 주는 것이다.

여러 아이들이 함께 지내다 보면 때때로 충돌을 하기도 하지만, 함께 지내는 것을 즐기고, 서로 모방하거나 함께 놀고, 서로 도와주고 함께 웃는 멋지고 평온한 순간도 많다.

분위기가 좋은 크리페에서는 아이들 간의 만남이 즐겁고 서로를 성숙하게 해 주는 경우가 대부분이다. 소아과의사 마리아 빈체 박사와 심리학자 주느비에브 아펠Genevieve Appell은 자신들이 제작한 영상물 "아주 어린 아기와 영아와의 만남"을 통해 월령층이 서로 다른 영아들의 상호 작용을 다양한 측면에서 기록하고 분석했다.[6] 여러 사람에게 추천할 만한 이 영상물을 보면, 평온한 분위기 속에서 함께 생활하는 영아들이 서로의 만남을 통해 얼마나 일찍 눈에 띄게 성숙해지는지 놀랍고 감동스럽다.

그룹의 연령 구성이 그룹의 분위기에 미치는 영향

같은 연령의 아이들로 그룹을 구성하는 것과 여러 연령층의 아이들로 그룹을 구성하는 것에 대해 찬성하거나 반대하는 사람들은 각기 다양한 근거를 제시한다. 혼합연령 그룹에 찬성하는 사람들은 어린 아이들이 좀 더 큰 아이들을 모방한다는 측면을 강조한다. 이 견해에 따르면, 혼합연령 그룹에는 한 가족과 같이 포근한 분위기가 지배적이라고 한다. 또한 큰 아이들은 어린 아이들을 도와주게끔 가르침을 받고, 어린 아이들은 큰 아이들의 행동과 놀이를 따르게 되어, 사회적 학습과 인지적 학습이 이루어진다고 한다.

그런데 혼합연령 그룹의 상황을 가정 생활과 비교할 수는 없다는 것이 우리의 의견이다. 만 1세에서 만 6세 사이의 자녀를 여덟에서 열, 심지어 열둘이나 둔 가정은 어디에도 없다.

혼합연령 그룹의 어려움 중 하나는 주로 좀 더 큰 아이들이 놀이를 주도한다는 것이다. 예를 들면 어린 아이들이 큰 아이들의 놀이를 방해하게 되고, 이로 인한 갈등이 자주 발생한다. 이런 갈등이 생기면,

스스로 순서를 정한다

주로 어린 아이들이 어려움을 겪는다. 다양한 놀이 상황에서 연령 차이를 극복하기란 영아들로서는 거의 불가능한 일이다.

혼합연령 그룹에서 어린 아이들은 큰 아이들의 활동을 지켜보는 것에 몰입하느라 자신의 놀이에 흠뻑 빠져들지 못하는 경우가 많다. 큰 아이들의 역할놀이에 어린 아이들이 참여하는 경우에도 주로 큰 아이들이 정해 주는 수동적인 역할을 맡기 때문에, 자신이 본래 관심을 갖고 있던 역할을 마음껏 해보지 못한다.

혼합연령 그룹의 아이들은 나이가 같거나 발달 상황이 유사한 놀이 친구를 찾기가 어려울 수도 있다.

하지만 우리가 경험한 바로는, 영아들은 큰 아이들의 자극이 없어도 충분히 놀고 배운다. 영아의 놀이는 만 3세 이상 아이들이 하는 역할놀이와는 근본적으로 다르다. 영아들은 놀이를 하는 가운데 자신을 둘러싼 주변 환경의 특성을 탐구해 나가며, 이 과정에서 자신이 할 수 있는 행동의 범위를 체험한다. 이 아이들은 몸을 움직이고 여러 가지 물건을 다양한 방식으로 관계 지음으로써, 물건의 특징, 무게, 구조, 장소적 특성 등에 대한 경험을 쌓아 간다.

또한 스스로에게 과제를 부여하며, 새로운 시도와 시행착오를 통해 자신의 능력과 지식을 발전시켜 나간다. 예컨대 18개월에서 30개월 사이의 아이들은 흔히 비슷한 특징을 가진 물건들을 모으고, 분류하고, 운반하고, 일렬로 늘어놓거나 위로 쌓고, 그것들을 커다란 용기에 채워 넣거나 여러 용기에 나누어 담는 일에 수 개월 동안 몰두하기도 한다. 이 시기에 적용하는 "새로운 규칙"이나 스스로 생각해 낸 물건의 선택 기준은 나이가 많아지면서 점점 복잡해진다.

놀이발달 과정에서 본격적으로 등장하는 이런 활동에는 여러 가지 현상의 상관관계를 이해하는 데 필요한 물리적, 수학적 차원이 내재되어 있다.

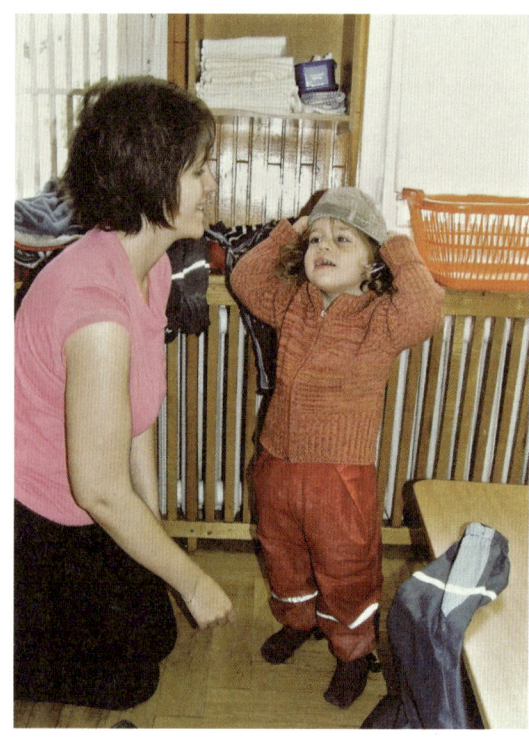

즐거운 만남을
가질 수 있는
기회

우리가 혼합연령 그룹의 또 다른 문제점으로 여기는 것은, 아이들의 욕구에 차이가 있다는 점이다. 영아들의 경우에는 대부분 몇 개월만 차이가 나더라도 발달 정도가 명확하게 차이가 난다. 발달 정도의 차이와 이에 따른 욕구의 다양성이 만 3세 이하 아이들의 경우보다 더 민감하게 나타나는 연령대는 없다. 예를 들어 어쩌면 아직 제대로 걷지도 못할 만 1세 아이와 만 2세 아이 간의 차이는 만 3세와 만 4세 아이의 차이보다 훨씬 크다.

  예를 들어 영유아의 혼합연령 그룹에서 영아들의 식사 시간이나 낮잠 시간은 큰 아이들과는 근본적으로 다름에도 불구하고, 큰 아이들의 생활 리듬에 맞추어야 할 때가 많다.

  반면에 영아 그룹에서는 개인적인 생활 리듬과 욕구를 고려하기도 용이하고, 개별적이고 친밀한 보육 행위를 위해 정기적으로 시간을 할애하기도 수월하다. 서두에 언급한 것처럼, 사회화 과정의 초기에 있는 영아는 개별적인 보살핌을 받는 것이 중요하다. 친숙한 사람에게 반복적으로 개인적인 관심을 받는 것은, 아이가 자신에게 대해 알아나가고 '나'를 구축하는 데 도움이 된다.

  동일 연령 그룹 내에서도 영아들마다 발달 단계는 서로 다르다. 예컨대 같은 그룹에 이미 걸을 수 있는 아이도 있고, 아직 기어 다니는 아이도 있는 것이다. 이 경우 누워 있는 영아들을 살피지 못하여 걸어 다니는 아이들에게 밟히거나 떠밀리지 않도록 보호해 주어야 한다. 필요하다면 하나의 공간을 두 개로 분리하는 울타리를 설치해서 두 그룹이 서로 피해를 받지 않고 놀 수 있도록 한다. 대개 영아들은 개별적인 발달 단계와 성향에 따라 서로 다른 놀이 도구를 필요로 한다. 기본적인 돌봄 행위와 관련해서도 아이들의 욕구는 여러 형태일 수 있다. 어떤 아이는 나지막한 서랍장 위에 설치한 테이블 위에서 옷을 갈아입는 것을 편안하게 느끼며, 키가 더 큰 아이는 좁은 테이블 위보다는 바닥에 놓아 둔 납작한 방석 위에서 옷을 갈아입는 것을 좋아한다. 이와 같이 동일 연령 그룹 안에서도 영아마다 발달 리듬과 욕구가 상이하기 때문에, 이를 인지하고 배려해 주기 위해서 많은 관심을 쏟아야 한다.

이와 유사한 사례는 앞부분에서 음식을 먹여 주거나 혼자 힘으로 식사를 하는 등 다양한 형태의 식사 상황을 언급할 때 이미 소개한 바 있다.

또 다른 논점은 그룹 안에서 이루어지는 사회적 학습에 관한 것이다. 아이들이 서로의 행동에서 영향을 받는다는 것은 당연하다. 하지만 아이의 사회적 학습, 그리고 그룹 내에서 타인을 대하는 태도 등에 이보다 훨씬 더 큰 영향을 미치는 것은 아이를 돌보는 어른이다.

예를 들어 보육교사가 식사를 마친 영아에게 입을 닦아줘도 되겠느냐고 요청하고 나서 아이가 준비가 될 때까지 잠시 기다리는 것은, 아이에게 긍정적인 사회적 행동에 대한 모범을 보여 주는 행동이다. 아이는 보육교사의 이런 행동을 통해 타인에게 자신이 원하는 바를 공손하게 알리는 방법을 배운다. 반면에 아이의 거부에도 불구하고 보육교사가 아무런 예고 없이 아이의 입을 닦는다면, 강자가 약자에게 자신의 의지를 강제할 수 있다는 것을 보여 주는 것이나 다름없다.

또 다른 사례를 살펴보자. 보육교사가 다른 아이의 장난감을 빼앗은 아이에게 주위에 놓여 있는 다른 장난감들을 가리키면서, 빼앗아 온 장난감을 돌려주라고 요청하는 경우를 보자. 보육교사가 아이가 장난감을 돌려줄 준비가 될 때까지 기다릴 뿐 아니라, 두 아이 모두가 만족할 수 있는 방향으로 갈등이 해결될 때까지 기다린다면, 이는 아이들이 서로를 대할 때 필요한 긍정적인 태도의 모범이 될 수 있다.

다른 아이들을 대할 때 아이가 취하는 태도는, 아이가 생활에서 접하는 대인 관계의 방식, 즉, 어른들이 자신에게 말을 걸고, 쓰다듬어 주고, 알아보고, 이해해 줄 때 받은 느낌으로부터 직접적인 영향을 받는다. 아이들은 상대방의 사회적 학습을 서로 모방하며, 함께 생활하는 동안 다양한 경험을 한다. 하지만 아이들의 사회적 학습 과정은 무엇보다도 어른들과의 만남을 통해 이루어진다.

피클러 연구소의 크리페 그룹들은 대부분 같은 월령의 영아들로 구성되어 있다. 최대한 차분하고 평온한 분위기 속에서, 영아들은 편안하게 적응하고 활기차게 생활한다. 각 그룹 내에는 구성원의 월령에 적합한 놀이 도구와 운동 도구가 구비되어 있다. 그룹의 일과는 아이들이 하루의 리듬을 인지하기 쉽도록 간단하게 구성되어 장기간 유지되며, 그런 일과 안에서 보육교사들은 각 아이의 개별적인 욕구를 충족시켜 주고자 노력한다.[1]

---

[1] 개별 그룹의 크기라는 기본 조건이 피클러 보육학의 구현에 전반적으로 중요한 역할을 한다는 것은 당연하다. 한 그룹에 아이들의 숫자는 많은데 보육교사가 적으면, 아이들과 깊이 있는 개별적 관계가 거의 형성되지 않는다. 크리페 시기에 개별적인 보육이 결여되면, 아이들은 안정감을 얻기 어려워진다.

요약

0세부터 만 3세까지는 사회화 과정과 개인의 정체성 형성에서 1차 시기에 속한다. 이 시기의 아이가 크리페에 들어가면, 사회화의 1차 과정과 2차 과정이 동시에 진행된다. 아이의 자아가 아직 미성숙하고 예민하기 때문에, 크리페 생활의 전반적인 상황은 극히 세심하게 배려하여 구성해야 한다. 조화롭고 편안한 분위기를 조성하기 위해서는 아이와 신뢰에 바탕을 둔 따뜻한 관계를 구축하고, 아이에 대해 진정으로 관심을 쏟고, 아이들을 존중하며 개별적으로 대해야 한다. 보육교사들의 평온한 행동과 아이들의 개인적인 습관에 대한 배려는 그룹 내에서 이루어지는 긍정적인 사회적 학습에 도움이 된다.

아이가 그룹 내에서 편안함을 느끼고, 보육교사들과 신뢰가 담긴 관계를 유지하고, 다른 아이들과 즐겁고 원만하게 지내면, 크리페에서 지내는 시간은 아이의 생활을 충만하게 만들어 주고 아이의 사회성 발달에 긍정적인 영향을 미친다.

그러나 우리는 양질의 보육 환경을 위해 노력한다고는 하지만, 크리페에서의 보육이 아이의 발달에 전반적으로 어떤 영향을 미치는지에 관해서는 명확하게 대답할 수가 없다. 보육 환경이 좋은 크리페에서도 나이가 어리거나 특별하게 예민해서 적응에 부담을 느끼는 영아도 있다.

지금까지 우리는 피클러 보육 이론을 크리페에서 실현하는 것과 관련된 몇 가지 측면을 이야기해 보았다. 해당 주제에 관한 많은 부분은 지면상의 이유로 간단하게 언급되거나 아예 언급되지 않기도 있다. 피클러 보육 이론의 기본 구상은 많은 요소로 이루어져 있는데, 이 요소들이 서로 융합하여 공조가 이루어져야 원래의 구상이 실현된다. 따라서 이 구상을 실제에 적용시키려면, 보육기관 전체 혹은 적어도 하나의 크리페 그룹을 담당하는 보육교사 팀 전체가 이 보육 이론의 지향점을 지지하고 아이들을 다룰 때 일관적인 태도를 취해야 한다. 이와 관련하여 앞에서 언급한 보육학적 원칙은 개별적인 상황에 맞추지 않은 채 적용할 수 있는 방법론이 아니다. 양질의 보육 환경이 갖추어져 있는 크리페에서도, 보육교사 팀이 함께 적절한 해법을 모색해야 하는 과제가 지속적으로 생겨난다.

엠미 피클러의 보육 이론을 크리페의 일상에 적용한다는 것은, 그룹 전체 혹은 크리페 전체가 장기적인 전환 과정을 실행한다는 것을 의미한다.

보육교사든 팀이든, 새로운 내적 태도를 내면화하여 점차로 새로운 행동 방식을 실천하게 되기까지는 오랜 시간이 걸리는 것이다.

참고 문헌

(1) 아가테 이스라엘(Agathe Israel), 잉그리트 케르츠 륄링(Ingrid Kerz-Rühling)(발행):《동독의 크레페에서 자라난 아이들(Krippen-Kinder in der DDR)》. 프랑크푸르트, 2008년
(2) 마리아 빈체(Mária Vincze):《보육 행위가 진행되는 동안 아이의 협조가 갖는 의미(Die Bedeutung der Kooperation während der Pflege)》. 엠미 피클러(Emmi Pikler) 등 공저:《서로 친밀해지기(Miteinader vertraut werden)》. 프라이암트Freiamt, 1994년
(3) 마리아 빈체(Mária Vincze):《우유병에서 시작하여 혼자 힘으로 먹기까지(Von der Flasche bis zum selbständigen Essen)》. 엠미 피클러 외:《서로 친밀해지기(Miteinander vertraut werden)》. 1994년
(4) 유디트 팔크(Judit Falk), 마리아 빈체(Mária Vincze):《기저귀와 작별하기(Abschied von der Windel)》. 베를린 피클러 협회의 영아 보육 시리즈 출판물, 2010년
(5) 에바 칼로(Éva Klló), 지요르기 벌로그(Gyorgyi Balog):《자유놀이의 시작(Von den Anfängen des freien Spiels)》. 베를린 피클러 협회의 영아 보육 시리즈 출판물, 1996년
(6) 마리아 빈체(Mária Vincze), 주느비에브 아펠(Genevieve Appell):《아기와 영아들 사이에서 일어나는 일들(Säuglinge und Kleinkinder untereinander)》. DVD 기록, 2009년

사회화로 가는 길: 자신과의 평화, 타인과의 평화[2]

_에바 칼로 Éva Kálló

♡ 수년 전부터 우리는 피클러 연구소를 찾아오는 국내외 영아 보육 전문가들을 맞고 있다. 방문객들은 재교육 과정의 일환으로, 로치에서 자라나는 아이들과 이들을 돌보는 보육교사들의 일상생활을 직접 관찰한다.

방문객들은 보육교사가 최우선적인 관심을 기울이는 목욕 시간과 식사 시간 동안 아이들의 행동을 계속 주시할 수 있다. 또한 아이들이 보육교사의 시선을 떠나지 않는 상태에서도 자주적으로 자유롭게 움직이고 노는 모습을 관찰할 수 있다.

"아이들이 정말로 무척 평온하고 조용하군요. 우는 소리를 거의 들을 수가 없네요." 이는 대부분의 방문객들이 연구소를 몇 시간 동안 참관하고 나서 말하는 첫 소감이다. 조금 지나면 방문객들은 안아 달라거나 먹을 것을 달라고 우는 한두 명의 아이들과 이따금씩 마주치

---

[2] 2004년 초판: "A szocializáció útjaá: Békében magammal, -békében másokkal", in: 안나 터르도시 편저, Nevelés eröszak nélkúl (강제 없는 교육), 99~110쪽

게 된다. 다른 아이에게 실제로 "모욕"을 당했거나 그랬다고 오해한 아이가 화가 나거나 참을 수 없어서 우는 아이와도 마주칠 수도 있다. 하지만 그래도 이들의 첫인상에는 별다른 변화가 일어나지 않는다.

1. 로치 아이들의 사회적 행동

로치에서 생활하는 아이들의 사회적 행동도 방문객들의 눈에 띄는 부분 중 하나이다. 물론 하나의 장난감을 두고 다투거나, 자기 자리를 빼앗길까 두려워서 거친 행동을 하는 아이들도 볼 수 있다. 샘이 나서 경쟁자에게 나쁜 행동을 하는 아이도 눈에 들어온다.

그럼에도 불구하고 방문객들이 받는 전체적인 인상은, 로치에는 공격적인 아이들이 많지 않다는 것이다. 아이들이 대부분의 갈등을 스스로 해결하거나, 보육교사의 도움을 받아 해결한다. 이때 보육교사가 하는 일은 온화한 말로 아이들의 갈등을 중재해 주는 것이다.

아이들은 공감과 우정이 담긴 태도로 대한다. 예를 들면, 만 1세가 채 넘지 않은 아기들이 울고 있는 아기에게 장난감을 가져다 주거나, 침대에서 바닥으로 떨어진 수건을 보면 주인에게 돌려주기도 한다.

(발행인 주석: 로치에서 생활하는 아이들은 새로운 환경에 적응할 때 힘이 되어 주는 자신 만의 수건을 소유하고 있다)

또한 옷을 입거나 몸을 씻을 때 끈기 있게 무언가를 스스로 해 내려고 노력하는 어린아이들의 모습, 능숙하게 스스로 옷을 입고 몸을 씻는 좀 더 큰 아기들의 모습을 보며, 방문객들은 영아들의 독립적인 태도에 놀라움을 표한다. 만 2세 안팎의 아이들이 서너 명씩 식탁에 둘러앉아 예의 바른 모습으로 즐겁고 편안하게 이야기를 나누면서 식사를 하는 모습을 볼 때도, 방문객들은 같은 반응을 보인다. 공간 정리와 같은 일이 있을 때 아이들은 자발적으로 보육교사를 돕는다.

아이들은 날마다 번갈아 당번이 되어 간단한 일을 책임감 있게 열심히 수행한다. 식탁에 식기를 놓고, 식사 후에 식탁을 닦기도 하며, 기저귀를 갈아주고 옷을 입힐 때 필요한 로션이나 다른 물건들을 준비해 놓기도 한다.

당번인 아이는 담당교사로부터 도와주어서 고맙다는 말을 듣고 기뻐한다. 하지만 옆에서 가만히 지켜보면, 아이들이 당번 일을 열심히 수행하는 가장 큰 이유는 칭찬을 받거나 어른의 마음에 들기 위해서가 아님을 알 수 있다. 당번을 맡은 아이는 자신이 어른들처럼 멋지게 과제를 수행해한 것에 기쁨과 자부심을 느낀다.

그렇다면 로치에서 생활하는 아이들이 같은 연령대의 다른 아이들보다 평온하고 온순한 이유는 무엇일까? 더구나 보육학계와 보육 실무자들이 한결같이 긴장과 갈등이 심한 사회화 시기라고 여기는 연령대의 영아들이 이토록 평온한 이유는 무엇일까?

이에 대한 해답은 엠미 피클러의 보육론에 따라 보육과 교육을 특별하게 접합한다는 점에서 찾아볼 수 있다. 피클러의 보육학은 로치 보육 현장에서 모든 직원들의 행동 양식 하나하나에까지 적용되고 지켜진다. 이를 실행하는 데 관건이 되는 것은, 보육 행위와 교육을 상호 보완적으로 연결하고, 그 중 좀 더 중요한 부분과 덜 중요한 부분을 긴밀하게 엮어 일관성을 갖도록 하는 것이다.

저자는 이후 부분에서, 교육과 보육에서 앞서 언급한 복잡한 결합을 이루어내는 데 필요한 조건을 이야기하려 한다. 또한 평온하고 갈등이 적은 사회화 과정과 관련하여, 영아들에게 근본적인 영향을 미치는 일상생활에서의 조건도 언급하고자 한다.

어떻게 하면 놀이 울타리 또는 분리된 공간에서 외롭게 지내거나 자기 방에서 조용히 지내던 영아를 서서히 가족들의 생활 안으로 끌어들이고, 좀 더 큰 공동체로 이끌어 줄 수 있을까? 이는 1940년 출간된 부모들을 위한 육아 서적 《평화로운 아기들 - 만족스러운 엄마들》[1]에서 엠미 피클러가 던진 질문이다. 이 저서에서 피클러는 이 질문과 관련하여, 부모들이 자신의 어려움만 보지 말고 자녀의 어려움에 대해서도 고민해 보아야 한다고 대답한다. 영아는 배고픔을 해소하려는 욕구 등의 충족이 지연되는 것을 견디기 어려워한다. 자신이 엄마 아빠의 유일한 "소유주"가 아니며, 항상 엄마 아빠의 가장 큰 관심을 누리는 유일한 대상이 될 수는 없다는 사실을 받아들이기 힘들어한다. 또한 세상을 탐구하고자 하는 바람을 부모가 방해한다고 느끼기도 한다. 반면에 부모들은, 어린 자녀가 자기중심적인 태도에서 벗어나 공동체에서 기대하는 바를 따르도록 이끌고자 한다. 부모가 아이의 이런 어려움을 진심으로 공감한다면, 자녀를 불필요하게 불안하게 만들거나 성가시게 하는 일은 없을 것이다.

2. 아이 스스로 결정하는 식사

기존의 방식으로 양육된 영아들은 음식을 받아 먹거나 직접 먹는 동안 그런 갈등을 겪는 경우가 흔하다. 엄마, 보육교사 등 아이를 돌보는 어른이 어떤 이유에서든 아이의 개별적인 욕구를 파악하지 못하거나 충족시켜 주지 못하고, 으름장을 놓거나 부드러운 전략을 사용하여 아이가 원하는 양보다 더 많이, 아이가 좋아하는 음식과는 다른 음식을, 아이에게 익숙하지 않은 방식으로 먹도록 하면, 식사 시간은 순식간에 전쟁터로 변해 버린다.

로치에서 생활하는 아이들은 식생활과 관련하여 어른들과 어떤 갈등도 겪지 않는다. 우리는 첫날부터 아이 스스로가 자신의 식사에 대해 결정권을 가지고 있다는 것을 알게 해 준다. 주어진 음식 중 어느 하나라도 먹을 것인지, 얼마만큼 먹을 것인지, 처음 보는 음식을 맛볼 것인지, 처음으로 수저나 컵을 사용해 볼 마음이 있는지, 등을 결정하는 사람은 바로 아이 자신이라는 사실을 인지시켜 준다. 보육교사의 무릎에 앉아서 음식을 먹을지, 혹은 영아용 식탁에 앉아서 먹을지도 아이가 스스로 결정하도록 한다.

우리는 보육교사가 아이의 식사 방식이나 양보다는 모든 아이가 식사 자체에 항상 기쁨을 느끼는 것을 훨씬 중요시 여기길 기대하며, 이런 생각을 가지도록 돕는다.

이를 위해서 보육교사는 아이가 배부른 기색을 보이거나 더 이상 먹고 싶지 않을 때 보내는 개인적인 신호를 감지하고 알아채야 하며, 아이가 음식물을 맛있게 먹는지도 관찰해야 하며, 과일이나 이유식을 숟가락으로 먹이거나 우유를 컵에 담아서 마시도록 할 때 아이의 반응을 주의 깊게 살펴보아야 한다. 또한 "딱 한 번만 맛이라도 보렴!"이라고 설득을 하거나, 잘 먹고 나면 상을 주겠다고 약속하거나, "누

가 제일 빨리 먹나?"라고 아이들 간에 경쟁을 붙이는 식으로 강요하지 않도록 자제해야 한다.[2]

물론 때로는 보육교사가 식사량이 일정치 않거나 적은 아이에게 먹을 것을 여러 번 권할 때도 있다. 또한 어느 정도 큰 아이에게는 비타민 이야기를 하면서 과일을 먹어 보라고 설득할 때도 있다. 이는 분명 보육교사가 어린 시절에 경험한 습관에 기인하는 것이다. 하지만 보육교사가 이런 방식으로 아이들에게 식사를 강요하려 하면, 우리는 이에 대해 이야기를 나누고, 아이들이 식사의 즐거움을 잃어버리기 전에 보육교사가 이런 방식을 지양하도록 이끌어 준다.

우리는 아이들에게 가장 약한 형태의 압력도 가해지지 않도록 조치한다. 이를 위해 보육교사에게 우리가 기대하는 바를 명확하게 전달하고, 보육교사 역시 아이들이 전반적으로 자신에게 필요한 음식을 스스로 섭취할 능력이 있다는 확신을 갖도록 도와준다. 그 결과 로치 연구소에는 먹는 것 자체를 고역이라고 여겨 가장 가까운 어른에게 이를 이해시키려 간절히 노력하는, 식습관이 좋지 않은 아이를 찾아볼 수가 없다. 또한 자신이 가장 좋아하는 음식도 거부함으로써 별도로 다른 음식을 가져다 줘야 하는 상황을 유발하여 어른들의 특별한 관심을 끌고 싶어하는, 이른바 "식성이 까다로운" 아이도 없다. 아이들 가운데는 식욕이 많은 아이도 있고, 적은 아이도 있다. 또한 이미 어린 시기부터 개인적인 식성이 확실해서 사과즙에 당분을 별도로 첨가하거나 따뜻하게 데워야 먹는 아이도 있으며, 고기 대신 크림치즈를, 우유 대신 요구르트를 주어야 먹는 아이도 있다. 상대적으로 큰 영아들을 위한 식단에는 일반적으로 가정에서 자주 먹는 전통적인 음식이 다수 포함되어 있다. 이 연령대의 아이들을 위한 메뉴 중에는 보육교사가 아침에 당일 저녁 메뉴를 알려 주는 순간부터 아이들이 기뻐하며 기다리는 인기 메뉴도 있다.

식욕이 왕성한 아이들도 있는 반면에 태어날 때부터 저체중이거나 몸이 약한 조산아도 몇 명 있다. 이 아이들의 식성은 다른 아이들과 완전히 다르다. 이들은 새로운 음식을 완강하게 거부하거나, 과일이나 채소로 이루어진 식단을 새로이 맛보길 거부하며, 숟가락이나 컵을 사용하여 음식물을 먹여 주면 음식 자체를 거부하기도 한다.

우리는 이 아이들에게도 어떤 형태로든 재촉하지 않는다. 심지어 몇 달 동안 체중이 기대치보다 천천히 증가하더라도, 새로운 음식을 맛보길 재촉하지 않는다. 우리는 아이가 몇 달 동안 우유병에 든 우유만 마시더라도, 그 편이 먹기 싫어하는 음식을 억지로 먹이는 것보다는 나으며, 우유병 꼭지를 빠는 행위를 통해서만 먹는 기쁨을 느끼는 아이라면, 그 편이 숟가락이나 컵을 사용하도록 강요하는 것보다는 낫다고 확신한다.

어른이 음식물 섭취에 대한 아이의 권한을 존중한다면, 우유병을 사용하다가 보육교사의 무릎을 거쳐 1인용 영아 식탁을 거쳐 공동 식탁에 앉아 식사를 하게 되는 이행 과정이 원만하게 진행될 거라고 확신한다. 아이는 어른과의 갈등을 겪지 않아야 식사와 공동체에 대한 기쁨을 체험하고 이를 즐길 수 있는 것이다.

3. 아이 스스로 결정하는 기저귀 떼기

로치 연구소에서는 기저귀 떼기 과정도 아이의 권한을 존중하는 가운데 진행된다. 습관을 통해 기저귀를 뗀다는 종래의 의견과는 달리, 로치에서 자라는 아이들은 어른의 직접적인 개입 없이 기저귀 떼기에 대한 결정권을 행사한다. 팔크와 빈체의 연구 결과[3]를 분석해 보면, 어른과 똑같아지고 싶어하는 소망이 모든 아이들에게 기저귀를 떼려는 동기를 부여한다고 한다. 다시 말해서 아이들은 함께 생활하는 어른들과 동일한 방식으로 자신의 욕구를 처리하고 싶어 한다는 것이다.

이 과정을 거치는 아이들이 긴장된 상황을 겪는 것은 불가피한 일이다. 이 과정에서 겪게 되는 긴장은, 어떤 압력도 받지 않고 괄약근 조절에 도달하는 아이와 어른들에 의해 크고 작은 압력을 받으면서 괄약근 조절에 도달하는 아이 모두 피해갈 수 없는 것이다. 다만 기저귀 떼기 훈련을 한 번도 받은 적이 없는 아이를 지켜보면, 자신과의 힘겨운 싸움을 하지 않고서도 이 과정을 넘긴다는 것을 감지할 수 있다. 반면, 기저귀 떼기를 강요 받은 아이는 자신과 가장 가까운 어른이 자신의 배변 훈련의 성과에 따라 만족하기도 하고 실망하기도 하는 모습을 지켜보며 무력감을 느낀다.

아이의 삶 가운데 이 시기는 만 2세부터 만 3세까지의 영아가 '나'를 관철하는데 집중하는 시기와 맞물린다.

기저귀 떼기에 어려움을 겪는 아이가 주위 어른들로부터 진심 어린 이해를 받지 못하면, 부모나 보육교사가 아이의 실제적인 삶에 중요하다고 생각하여 전달하고자 하는 기대까지도 받아들이지 않고 저항하게 된다.

4. 아이 스스로 결정하는 놀이

많은 부모들은 자녀에게 장난감을 가지고 노는 법을 가르쳐 주어야 한다고 생각한다. 영아 보육 전문가들 사이에서도 아이의 능력을 개발하고, 지식을 넓히고, 보육교사와 아이 간의 관계를 돈독하게 만들기 위해 아이의 놀이 활동을 활용해야 한다는 견해가 널리 퍼져있다. 이런 견해를 대변하는 사람들이 간과하고 있는 사실이 있다. 그것은 바로, 여러 가지 능력 개발 전략으로 인해 아이는 자신이 할 수 있는 것, 아직까지 할 수 없는 것, 자신이 지금 알고 있는 것, 그리고 어른들의 견해에 따르면 자신이 이미 알고 있어야 하는 것 등에 부득이하게 직면하게 된다는 사실이다. 이는 그 전략들이 그다지 강도가 높지 않아도 마찬가지이다.

어른이 놀이에서 자신의 뜻을 관철하려는 아이의 욕구를 소홀히 할 때는, 식사나 기저귀 떼기와 관련된 아이의 욕구를 소홀히 할 때처럼 심각한 결과를 초래하지는 않는다. 하지만 우리가 경험한 바에 따르면, 아이의 주체적인 활동에 어른이 직접적으로 개입하면, 아이의 삶 속에 어른으로 인한 불필요한 긴장이 수없이 생겨난다. 부모나 크리페의 보육교사들이 블록으로 다리를 만드는 방법을 가르쳐 주거나 "동그라미-동그라미-쉼표-줄"[3] 노래를 부르며 사람을 그리는 방법을 가르쳐 주면, 아직 이런 노력이 낯선 시기의 영아에게 특정한 결과물을 기대하는 것이나 다름없다. 아이는 어른들이 하는 행위를 모방하면서 어떠한 결과물을 만들어 내려고 시도한다. 하지만 실상 이 시기의 아이는 목표를 달성하는 것보다는 행위 자체에서, 그리고 자신이 사물에 영향을 미칠 수 있다는 사실에서 기쁨을 느낀다. 실제로 아이

---

3 "점, 점, 쉼표, 줄 / 달님 얼굴이 되었어요 / 위에는 머리카락 / 듣는 귀도 그려요…"로 이어지는 독일 유아 노래.

가 좋아하는 어른을 모방하여 그 어른의 기대에 부응하고 싶어하는 심리는 손쉽게 악용되기도 한다. 아이는 엄마나 보육교사의 바람에 부응하기 위해 자신이 본래 하고자 했던 행동을 기꺼이 포기하며, 무언가를 만들거나 그릴 때 어른의 의도를 따르거나 모방한다. 하지만 이런 경우에 아이는 대부분 절반의 성공에 그치거나, "난 그거 못해!" 혹은 "난 안돼!"라는 말로 끝나고 만다. 그러면 아이는 가장 가까운 어른의 기대에 부응하지 못했다는 느낌을 갖게 된다.

이런 식으로 어른들은 의도하지는 않았지만 결과적으로 아이에게 의존심과 열등감을 유발하게 된다.

아이의 능력을 키우겠다는 목적으로 놀이에 개입하는 것은 특히 크리페에서 지내는 아이들에게 해롭다. 이 아이들은 그룹의 상황에 의해 좌우되며, 같은 나이의 아이들 6명 내지 8명과 보육교사의 관심을 나누어 가져야 한다. 따라서 피클러가 언급한 바 있는 "모방에 집중할" 위험에 심하게 노출되어 있다.[4] 보육교사의 "작품"을 모방함으로써 관심을 가장 쉽게 끌 수 있고, 놀이를 할 때 도움이 필요하다는 이유로 어른을 자기 곁에 앉혀둘 수 있다면, 놀이는 보육교사의 관심을 끌고 유지하기 위한 수단으로 전락하기 쉽다.[5] 아이의 주체적인 놀이에 어른이 직접적으로 개입하는 것은 아이와 공동체 구성원들 간의 관계에도 부정적인 영향을 미친다.

예컨대 아이가 이루어 낸 성과에 따라 보육교사로부터 더 많은 인정을 받는다면, 아이들 간에는 경쟁관계가 발생하기 쉽다. 보육교사가 반죽덩이를 가지고 만들었던 것과 똑같은 모양의 빵이나 팬케이크를 만들었다는 이유로, 혹은 가지고 놀던 블록이 무슨 색인지, 몇 개인지를 다른 아이들보다 먼저 정확하게 이야기했다는 이유로 어떤 아이가 칭찬을 받는다면, 함께 지내는 아이들이 서로를 라이벌로 여기며 경쟁을 하게 된다. 보육교사가 아이들의 활동을 자극하기 위해 아이들의 "성과물"을 무의식적으로 비교하면, 이 같은 경쟁 현상은 더욱이 심하게 나타난다.

5. 놀이에 바람직한 환경 조성하기

로치에서 아이들을 돌보는 보육교사는 아이의 놀이에 개입하지 않는다. 아이를 돕거나 무언가를 가르치려는 목적으로 놀이에 개입하지 않으며, 함께 놀이를 하면서 아이에게 관심을 표명하려는 목적으로도 개입하지 않는다. 우리는 아이의 주체적인 놀이에 직접 개입하고 싶은 유혹을 뿌리칠 수 있는 사람이 체험할 수 있는 내적인 감탄과 기쁨이 어떤 것인지 보육교사에게 알려 주고자 노력한다.[6]

놀이에 개입하고자 하는 유혹을 뿌리치고 내적인 기쁨을 체험한 보육교사는 아이의 다양한 시도를 이해하는 "증인"이 된다. 그런 보육교사는 놀이 행위를 통해 아이의 손놀림이 완전해져 가는 모습을 지켜보고, 성공과 시행착오를 거듭하면서 아이가 발전해 나가는 모습을 지켜본다. 또한 기분 나쁜 일이나 걱정스러운 일을 겪고 난 아이가 스스로 심리치료사가 되어 상징놀이를 통해 자신의 내면적인 아픔을 소화해 내는 모습도 지켜본다.

보육교사는 자신에게 맡겨진 영아들 중 누가 평균보다 발달 속도가 더 빠르고 누가 더 느린지를 대단히 중요한 것으로 여겨서는 안 된다. 이보다는 각 아이들이 발달 상태와는 별개로 어떤 과제를 해결하기 위해 노력하고, 스스로 설정해 놓은 목표에 근접해 나가는 것을 중요시하고, 이를 아이와 자신이 이루어 낸 성공으로 여겨야 한다.

보육교사의 주된 과제는 아이들이 자유롭게 움직이고 놀 수 있는 환경을 마련해 주고, 각 아이의 발달 추이를 지켜보고, 관심 분야가 무엇인지 인식하고, 아이가 깨어 있는 시간 동안 자발적으로 활발하게 활동할 수 있는 여건을 만들어 주는 것이다. 예컨대 보육교사는 어떤 영아가 무엇을 가지고 노는 것을 좋아하는지 기억해 두었다가, 그 아이가 좋아하는 놀이 도구를 아이의 주변에 놓아 둔다. 또한 좀 더 큰 아이들이 낮잠을 자는 동안 이 아이들의 놀이 도구를 정돈해 두어,

잠에서 깨면 다시 가지고 놀고 싶은 마음이 들도록 준비해 준다. 아이들에게 먹을 것을 주고 몸을 씻겨 주고 나서도, 보육교사는 시간을 내어 놀이 도구를 분류, 정리하거나 교체해 줌으로써, 아이들이 놀이에 대한 흥미를 유지하고 놀이를 하고 싶은 마음이 들도록 한다.

6. 방치하지는 않으면서도 독립적으로

처음에 보육교사가 어려워하는 것은, 지금 돌보고 있는 아이와 그룹에 남아있는 아이들에게 관심을 적절하게 배분하는 일이다. 당장 돌봄을 받고 있는 아이 외의 영아들이 놀이 공간에 있으면서 자신이 방치되었다거나 잊혀졌다는 느낌이 들지 않도록 관심의 시선을 나누는 것은 쉽지 않다. 자기 차례를 기다리기 힘들어 하는 아이에게는 공감을 표시해 주어야 하며, 아이들 사이에서 다툼이 일어나면 해결 방법을 제시해 주어야 한다. 하지만 문제가 있는 아이에게만 시선을 주는 것으로는 부족하며, 관심을 끌고 싶어하는 다른 영아의 시선도 알아차려야 한다. 그리고 아기가 옹알거리면서 "말을 걸어오면", 그 소리를 "듣고" 대답해 주어야 한다. 간단한 어휘를 선택하여 아기의 행동을 말로 요약하여 표현해 주어야 한다. 그리하여 아기로 하여금,

"저 사람이 내 행동에 대해 나와 함께 기뻐하는구나, 내가 신기하다고 생각하는 걸 똑같이 신기하게 여기는구나. 내가 무엇에 흥미를 갖고 있는지 관심 있게 보는구나. 내가 말하고 싶어하는 것이 무엇인지 아는구나. 저 사람은 나에게 무슨 일이 있었는지를 중요하게 생각하는구나."라는 생각이 들도록 해 주어야 한다.

7. 자율적인 능력 개발을 위한 공간

아이들의 주체적인 활동에 개입하지 않는다는 방침을 일관성 있게 유지해 온 덕분에, 로치에서 생활하는 아이들은 자신의 행동을 결정하는 주인이 되어 당당하게 행동할 수 있게 되었다.[7] 이렇게 주체적으로 행동하며 자유롭게 움직이고 노는 동안, 아이는 자신이 어른으로부터 독립된 존재라는 것을 느낄 수 있다. 이는 발달 속도가 느리거나 장애가 있는 아이에게도 해당된다. 이렇게 자라나는 아이들은 타고난 능력을 발휘하고 당당하게 행동할 수 있게 되어, 발달 과정을 거치는 동안 자신의 영향력과 능력을 끊임없이 체험할 수 있다. 이는 주체적인 사고와 자신만의 개성을 키워나가는 데 유용한 토대가 된다.[8]

아이의 주체적인 활동을 존중하고, 이를 발전시켜 나가기 위해 필요한 여건을 마련해 주는 것은 아이가 주변 어른들과는 무관하게 발생하는 힘겨운 갈등을 이겨나가는 데도 긍정적인 영향을 미친다.

영아는 자신이 추구하던 목표를 달성하지 못하면 화를 낸다. 영아의 이런 태도는 영아의 활동에 의식적인 행동이 나타나기 시작하는 시점부터 관찰된다. 영아는 자신이 이전에 시도했던 성공적인 행동 혹은 실패했던 행동을 의식하면서 목표를 설정한다. 영아는 대개 이전의 결과에 다시 한 번 도달할 수 있을지 정확하게 예측하면서 자기 행동의 결과를 상상한다. 영아는 자신의 목표를 달성하지 못하더라도 외부의 도움이나 위로를 기다리지 않으며, 이를 필요로 하지도 않는다. 자기 행동의 결과를 상상한 것도 영아 자신이며, 자신에 의해 발생한 갈등을 해결하는 수단을 가진 것도 영아 자신이다. 예를 들어 새로운 시도를 하고 싶은 마음이 들 때까지 이전에 하고 있던 활동을 하고, 몸을 역동적으로 움직이면서 마음 속의 화를 떨쳐 내며, 자신에게 힘이 되어 주는 헝겊 인형이나 수건을 찾고, 엄지손가락을 입에 물고 빤다.

목표를 달성하지 못한 아이의 행동에 어른이 직접적으로 개입하지 않으면, 아이는 상징놀이를 하면서 상상력과 창의력을 마음껏 발휘한다. 어른이 개입하지 않는 것은 아이가 자신의 두려움의 주인이 되는 데 도움이 된다. 이런 환경에서 자란 아이는 하고 싶은 것을 금지 당하거나 원하는 바가 늦게 충족되더라도 놀이를 하면서 마음을 달랠

보상책을 찾아 나간다. 이런 능력은 여러 명의 아이들이 속해 있는 그룹에서 자라나는 아이에게 특별히 중요하다. 공동 생활을 하다 보면, 가정에서 자라나는 아이들이 거의 부딪힐 일이 없는 장애물을 어쩔 수 없이 감수해야 하는 경우가 많기 때문이다.

또 다른 사례를 살펴보자. 크리페에 다니거나 영아 보육원 시설에서 사는 아이들은 기다림으로 인한 긴장 상황을 겪을 수 밖에 없다. 보육교사들이 식사 순서와 목욕 순서를 잘 지키고, 마당에서 노는 시간이나 낮잠 시간과 같은 일과가 정해진 일정에 따라 날마다 반복되더라도, 아이들이 서로 샘을 내지 않도록 할 방도는 없다. 보육교사가 아이들 사이에 경쟁심을 부추기지 않고 갈등을 유발하지 않으려고 노력해도, 여러 명의 아이들이 한 사람의 관심을 나누어야 하기 때문에 어쩔 수 없이 질투라는 감정이 생겨난다.

이 상황에서 로치의 아이들이 놀이를 하는 모습은 자유로운 놀이를 즐기는 아이들의 "창의력"을 보여 준다. 로치의 아이들을 촬영한 동영상 중 만 두 살 안팎의 아이들로 이루어진 그룹이 빵을 먹고 있는 장면이 있다. 이 장면에는 식사 차례를 기다리는 6명의 아이 중 3명이 기다림으로 인한 긴장감을 상징적인 행동으로 해소하는 모습이 담겨 있다. 첫 번째 아이는 마치 맛있는 음식을 먹고 있는 것처럼 입맛을 다시면서 방안을 왔다 갔다 한다. 두 번째 아이는 다운증후군을 앓고 있는 여자아이이다. 이 아이는 한참 동안 선반을 뒤져 나무 숟가락을 찾아 내어 채소를 먹는 시늉을 한다. 세 번째 아이는 실내의 광고지에 실린 여러 가지 과일 사진을 손가락으로 짚으며 하나씩 이름을 말한다. 아이는 다른 아이를 무릎에 앉혀 놓고 이유식을 먹이고 있는 보육교사에게도 사진을 보여 준다.

우리는 아이들이 놀이를 하는 가운데 미래에 대한 바람을 표현하는 모습을 자주 보게 된다. 예컨대 아이들은 양부모와 친해지는 장면이나 로치를 완전히 떠나게 되어 함께 사는 아이들, 보육교사들과 헤어지는 장면을 실제처럼 표현해 보기도 한다.

8. 아이와 보육교사와의 관계: 목욕하기와 옷 입기

지금까지 우리는 기존의 교육 방법으로 인해 불가피하게 발생하던 긴장이 피클러 보육학의 적용으로 해소되는 상황에 대해 이야기했다. 로치에서는 아이의 식사, 기저귀 떼기, 자기 주도적인 행동에 어른이 직접적으로 개입하지 않음으로써 불필요한 갈등을 방지한다. 하지만 이렇게 갈등을 방지한다는 것만으로는, 로치에서 생활하는 아이들이 다른 곳에서 자라는 같은 연령의 아이들보다 서로에 대해 덜 공격적이며 갈등이 생겨도 좀 더 원만하게 해결하는 이유를 완전히 설명할 수 없다.

   이 문제에 대해 답을 하려면, 우리는 영아의 몸을 씻기고 옷을 입히는 과정에서 아이와 보육교사간의 관계가 어떤지에 관해서도 이야기해야 한다. 이런 보육 행위에서도 보육교사들이 아기가 자신의 능력을 사용하도록 이끌고, 아기의 상호 작용을 유도하고, 아기와 협력하고, 아기를 처음부터 협력자로서 대하는 것이 우리의 바람이다.

   보육교사는 한편으로는 로치에서 배운 방식대로 정해진 순서대로 정확하게 아이를 씻기고 입히지만, 다른 한편으로는 표정이나 근육 상태의 변화 등 영아의 무의식적인 움직임에 사려 깊게 반응한다. 보육교사가 이 모든 것을 적절하게 이행하면, 아기는 보육교사의 팔에 안겨 있을 때나 기저귀 테이블에 누워 있을 때, 혹은 목욕을 할 때 편안함을 느낀다.

   이 외에도 보육교사는 보육 행위가 진행되는 동안 다음과 같이 함으로써, 영아가 곧 이어질 일을 알고 마음의 준비를 하도록 한다. 우선 영아와 함께 하려고 하는 일이 무엇인지 이야기하고, 영아가 자신의 말을 들을 때까지 기다려 준다. 이렇게 영아는 보육교사의 말과 몸짓을 통해 잠시 후에 일어날 일을 예상할 수 있다. 그러고 나서 보육교사는 아기가 몸을 움직이도록 격려한다. 아기의 움직임은 언뜻 보면 무의식적인 것처럼 보이지만, 분명 보육교사의 의도에 상응하는 의식적인 것이다. 그렇다고 해서 보육교사가 영아의 참여를 강요하지는 않는다. 보육교사는 단지 영아가 보육 행위에 참여하고 협력에 대한 기쁨을 얻도록 유도한다.

보육교사는 영아가 기저귀 테이블 위에서 자유롭게 움직일 수 있도록 해 주어야 한다. 또 아이의 옷을 갈아입히고 몸을 씻기는 동안, 아이 자신이 중요한 결정을 하는 사람이라는 느낌을 주어야 한다. 예컨대 팔에 비누칠을 하거나 셔츠를 입을 때 똑바로 누워 있을지, 아니면 엎드려 있을지, 서 있을지, 또는 앉아 있을지를 결정하는 사람이 바로 아이 자신이라는 느낌이 들게 해야 한다. 그리고 보육교사가 보육 행위에 대해 알려주고 협조를 요청하고 아이의 관심이나 감정을 말로써 표현해줄 때뿐만 아니라, 아이와 이야기할 때 중심이 되는 사람이 아이 자신이며, 무엇에 관해 이야기를 할지를 결정하는 사람도 아이 자신이라는 느낌이 들게 해야 한다. 아이가 이런 느낌을 갖도록 하려면, 보육교사는 아이의 장난스러운 행동에도 진심 어린 반응을 보여야 한다. 팔을 내밀라고 하면 다리를 내밀고, 기저귀 테이블 한쪽 구석에 숨고, 보육교사가 자신을 잡지 못하는 것에 깔깔대며 웃는 아이의 짓궂은 행동이 자신을 화나게 하려거나 반항하기 위한 것으로 해석해서는 안 된다.

보육교사는 영아가 원칙적으로 보육 행위에 참여하기를 좋아한다는 것을 안다. 다만 보육 행위에 참여하라는 보육교사의 요청이 아이에게 억지로 이행해야 할 과제가 아니라 초대라고 느껴져야 한다. 보육교사는 지금 당장은 아니더라도 좀 더 자란 후에 영아가 결국 자신에게 요청되는 행위를 기꺼이 할 것이라는 믿음을 가져야 한다.

9. 돌봄 행위에 참여하기

엠미 피클러와 유디트 팔크가 함께 고안한 발달상황 체크 도표[9]는 많은 것을 시사한다. 이 도표의 "목욕할 때와 옷 갈아입을 때 아이의 행동" 부분에는 동반자적 관계가 얼마나 발달해 있는지를 나타내는 특징적 상황이 간략하게 기술되어 있다. 또한 아이들이 정해진 순서에 따라 보육교사의 능숙한 돌봄을 받으며 즐기는 동안 아이들이 보이는 행동, 즉 개인적인 의사 표시, 자발성, 자기 권한에 대한 선천적인 욕구 등을 보여주는 부분도 있다.

예를 들어 생후 2개월 내지 3개월이 된 영아가 기저귀 테이블 위나 물이 담긴 욕조 안에서 "편안하게 쉬고" 있다면, 이것은 이 영아가 자신의 근육을 수축함으로써 어른이 자신의 몸을 만지거나 움직이지 못하도록 방어해야 할 필요가 없다는 것을 의미한다. 즉, 이 영아를 돌보는 보육교사는 아기를 조심스럽게 다루며, 아기의 몸을 움직일 때도 아기의 예민함을 건드리지 않도록 주의하며, 보육 행위의 기준을 아기에 둔다고 볼 수 있다.

아이들이 보육 행위에 참여하는 모습을 월령별로 살펴보자. 만 4개월이 된 영아 가운데 대다수는 어른의 보육 행위에 "함께 참여한다." 얼굴을 씻기고, 목욕을 시키고, 옷을 갈아입힐 때, 이 시기의 영아는 어른이 자신에게 다가오고, 자신의 몸에 손을 대고, 말을 건넬 때 반응을 보인다. 갈아입을 옷을 보여주면, 대부분의 영아는 옷에 가까이 다가가려는 몸짓을 보인다. 좀 더 자라 만 6개월이 지난 영아는 심지어 갈아입을 옷을 보거나 어른이 요청하는 말을 들으면 팔이나 다리를 내밀고, 몸을 뒤집거나 한쪽 손에 들고 있던 물건을 다른 쪽 손으로 옮겨 놓기도 한다. 돌봄 행위가 이루어지는 동안 아이가 협력을 하면서도 짓궂은 장난을 치는 것("놀이를 먼저 시작하기")은, 이로부터 몇 주가 지난 후 대부분의 영아에게서 찾아볼 수 있는 행동이다. 이 시기가 되어야 이런 행동이 나타나는 이유는, 아기들 순서대로 이루어지는 일의 경과에 대해 잘 알고 있고 보육교사가 자신에게 어떤 요청을 할지도 알고 있어야, 일부러 보육교사의 기대에 어긋나는 반응을 보이는 것이 재미있기 때문이다.

아마도 이런 행동은 성공적인 사회화를 위해 매우 중요하다 여겨지는 "흥정과 협상"의 전 단계라고 여겨진다. 물론 이렇게 보육교사에게 장난을 거는 영아의 행동은 "단지" 자신의 영향력을 강하게 체험하고자 하는 것일 뿐, 자신이 구체적인 바람을 주장하면서 부모와 자신 모두가 받아들일 수 있는 합의에 도달하기 위해 협상을 벌이는 큰 아이들과는 다르다.

영아는 예상 밖의 반응을 통해 어른들을 깜짝 놀라 웃게 만들고, 기다리게 만들고, 자신에게 다시 한 번 요청하도록 만드는 것을 즐긴다.

10. 사회적 능력과 자발적인 협조

어렸을 때부터 로치에서 생활하는 아이들은 일찍부터 친구를 가까이 하려는 욕구를 가지고 자란다. 아이들은 이런 욕구와 자신의 영향력에 대한 경험을 가지고 친구들에게 다가간다. 아이는 자신의 능력을 믿으며, 보육교사가 처음부터 자신을 이해하고 받아들여 주었듯이 친구들 또한 자신을 받아들이리라고 믿는다. 로치에서 생활할 때 아이는 보통 다른 아이들과 사귀는 과정에서 별다른 실망을 경험하지 않는다. 이는 한편으로는 친구들도 보육교사와의 관계에서 유사한 경험을 한 아이들이며, 다른 한편으로는 발달 정도가 유사한 아이들끼리 같은 공간에서 지내기 때문이다.(이와 관련해서 로치의 보육에는 중요한 요소가 있다. 로치에서는 같은 그룹에서 자라나는 아이더라도 발달 정도가 상이한 아이들을 각기 다른 놀이공간에서 놀도록 함으로써, 나이가 더 많거나 발달 정도가 빠른 그룹 내 친구들에게 무방비 상태로 불이익을 당하지 않도록 보호한다.)

만 1세 전후의 아이들이 모여 있는 그룹에서도 아이들이 서로 협조하는 모습을 자주 볼 수 있다. 다른 아이가 하고 있는 재미있어 보이는 놀이에 참여하기 위해, 아이들은 이미 이 시기부터 다양한 전략을 사용할 줄 안다. 물론 한 아이가 다른 아이의 장난감을 무작정 빼앗는 일도 일어난다. 하지만 다른 아이에게 장난감을 주겠느냐고 요청하거나, 다른 장난감을 가지고 와서 맞바꾸기도 하며, 갖고 싶은 장난감을 바닥에 내려 놓으라고 옹알이를 하면서 바닥을 두드리는 아이도 있다.

아이들은 이런 과정에서 발생하는 갈등을 대부분 "물건을 교대로 사용하는 방식"으로 해결한다. 예컨대 처음에는 서로 먼저 미끄럼을 타겠다고 싸우다가도, 나중에는 차례를 정하여 나지막한 단상의 경사면(발행인 주석: 로치 현장에는 아이들의 놀이 공간에 나지막한 움직임 기구가 여러 개 놓여 있다)을 차례차례 미끄러져 내려오게 된다.

앞에서 언급한 사례에는 보육교사가 보육과 교육에서 그 목적을 이루기 위해 아이를 이해시키고 참여시키는 모습이 나타나 있다. 예컨대 보육교사는 아이를 목욕시킬 때 필요한 물건의 자리를 가리키면서, 아이가 가지고 달아난 빗이나 크림 통을 스스로 그 자리에 가져다 놓으라고 몸짓이나 말로 요청하는데, 아이는 이런 보육교사의 몸짓과 동작을 따라 한다. 하지만 함께 지내는 친구들과 사이 좋게 지내려는 아이의 노력에는 단순히 보육교사를 모방하는 것보다는 훨씬 진지한 동기가 숨어 있다. 아이의 행동을 살펴보면, 이미 어린 시기부터 아이가 보육교사의 몸짓이 갖는 깊은 의미를 내면화했음을 알 수 있다. 즉, 아이는 이미 이 시기부터 타인의 계획을 이해하고 이에 관심을 기울이며 타인과 협력하는 것을 배워 나간다.

11. 갈등을 겪는 아이 곁에서 적절한 도움 주기

날마다 함께 놀고 서로에 대해 잘 아는 아이들이 보육교사와 더불어 지속적으로 여러 가지 경험을 하고 서로에 대해 적응해 감으로써 발달해 나간다. 이 발달 단계에서 아이들의 자아 감정이 건강하게 발달하고 있다는 것을 나타내주는 전형적인 징후는 사물의 소유와 자기 의지의 관철이다.

로치에서 자라는 아이들도 이 시기에 갈등과 다툼 혹은 자기들끼리의 비난을 자주 겪는다. 이런 일이 다른 곳보다 덜 일어나는 것은, 로치에서 생활하는 만 2세까지의 아이들이 자신이 원하는 바를 평화적으로 표현하는 수단을 다수 습득했기 때문이라고 할 수 있다. 이들은 우회적인 방법을 통해 자신의 의지를 관철시키며, 이로써 격앙된 행동에 상대적으로 덜 노출된다.

로치의 보육교사는 아이들이 갈등을 겪을 때도 아이들끼리 놔두지 않는다. 보육교사는 아이들이 평화로운 방법을 통해 갈등을 해결하도록 행동으로 돕는다. 이런 상황에서 보육교사가 보이는 태도는 차분하고 분명하지만, 절대로 공격적이지 않다. 이미 발생했거나 현재 발생 중인 갈등에 대해 보이는 보육교사의 태도는 아이들이 갈등을 평화롭게 해결하는 데 도움이 된다. 이런 반응은 부모와 보육교사들이 자신의 영아기에 경험했던 것과는 근본적으로 다른 경우가 많다.

로치에서는 아이들을 좋아할 뿐 아니라 함께 지낸다는 것에 대해 환상을 가진 만 18, 19세의 젊은 여성들이 보육교사로 일을 하기 시작한다. 그런데 이 초보 보육교사들이 자신의 어릴 적 경험과는 많이 다른 로치의 교육관을 내면화시키는 데 실제로 성공했는지의 여부는, 이와 같이 자신이 경험했던 것과는 근본적으로 다른 반응을 보여야 하는 경우에 가장 분명하게 드러난다. 이런 내면화가 성공적으로 이루어졌다는 것은, 아이들 간에 갈등이 있는 상황에서도 보육교사가 아이들이 상호 협력할 능력이 있다고 믿는다는 것을 의미한다.

아이들이 장난감을 차지하거나 빼앗기지 않으려고 갈등을 겪고, 특정한 자리에 앉으려고 다투는 경우, 로치의 보육교사는 그 경과를 지켜보지만, 즉각적으로 개입하지는 않는다. 보육교사는 아이들이 스스로 합의할 시간을 준다. 보육교사는 아이들에 대해 잘 알고 있기 때문에, 다투고 있는 아이에게 비슷한 장난감을 건네주거나 "나누어 쓰기" 규칙을 기억시켜 줄 적절한 시점을 대부분 정확히 알고 있다. 하지만 보육교사는 어떤 상황에서도 아이의 생각을 존중하며, 아이들에게 조언을 해줌으로써 갈등 해결에 돕는다. 로치의 보육교사는 이런 것만 실행해도 최종적으로 모든 아이들이 만족할만한 해법을 찾기에 충분하다고 확신한다. 아이들이 갈등을 빚는 상황에서 무엇을 해야 하며 어떤 말을 해야 할지 세세하게 규정해 놓는 것은 불가능하므로, 보육교사는 주어진 상황에 따라 제안을 하고, 상황에 적절한 내용을 말하고 표현한다. 하지만 어떤 상황에서도 다투고 있는 양측의 아이들에게 말을 건네고, 아이들로 하여금 보육교사가 자신들의 마음을 이해하고 있다고 느끼도록 해 준다.

누군가에게 장난감을 빼앗기는 것만큼 어려운 일이 가지고 놀고 싶은 장난감을 스스로 포기해야 하는 것임을 보육교사는 "안다". 자신의 장난감을 너무나 아껴서 다른 아이에게 보여주지도 않으려는 것은 이해할 수 있은 일이며, 또한 받아들여 주어야 한다. 하지만 이런 경우 거절을 당해 가슴 아파하는 아이에게도 공감을 표현해 주어야 한다. 보육교사는 아이들 간의 갈등을 제대로 정확하게 인식함으로써 이를 해결할 수 있도록 돕는다. 또한 갈등이 심해지기 전에 양쪽 아이들의 의도를 말로 표현해 줌으로써 양쪽의 흥분을 가라앉힌다.

보육교사의 노력에도 불구하고 두 아이가 받아들일 만한 해법을 찾을 수 없는 경우, 보육교사는 자신이 갈등의 "패배자"라고 느끼는 아이를 혼자 두지 않는다. 이 아이가 근본적으로 갈등을 일으킨 장본인이라 해도, 보육교사는 똑같이 행동한다. 그리고 보육교사는 아이가 갈등의 중심이 되었던 놀이 대신 다른 놀이나 다른 활동을 찾을 수 있도록 돕는다.

아이들이 너무 흥분한 나머지 보육교사의 말이 더 이상 아이들의 귀에 들어오지 않는 상황이 발생하면, 보육교사의 중재 역할은 특히 힘들어진다.

우리는 이런 상황에서도 보육교사가 아이들의 행동에 공격적으로 반응하지 않기를 기대한다. 보육교사는 무슨 일이 있어도 아이들을 거칠게 다루거나 적대감을 표시해서는 안 된다. 하지만 다른 한편 우리는 이유가 뭐든 간에 다른 아이의 마음에 상처를 내는 것은 옳지 않으며, 허용될 수 없다는 것을 보육교사가 분명하게 표현하길 기대한다. 아이들은 분노하고 화를 내거나 흥분할 수 있다. 심지어 보육교사에게도 그럴 수 있다. 하지만 어떤 아이도 다른 사람을 슬프게 만들거나 아프게 하면 안 되는 것이다.

요약

로치에는 평온한 분위기가 흐른다. 이는 저절로 생겨나는 것이 아니며, 두려움이나 강제에 의해 생겨나는 것은 더욱이 아니다. 이렇게 평온한 분위기가 조성되려면 여러 가지의 조건이 이행되어야 하며, 이를 이행하는 것은 영아 보육원 시설이나 크리페, 가정 등의 장소에서 영아를 위한 모든 노력의 과제이자 목표이다. 몇 가지 사례에서 살펴볼 수 있듯이, 이 조건들은 로치에서 일하는 보육교사들의 행동을 결정짓는 토대를 이룬다.

그 중 결정적인 조건은 다음과 같다.

a) 아이 자체를 온전히 인정한다는 것을 표현해 주는 교육적인 행동

b) 아이와 함께 하려는 일이 무엇인지, 아이 주변에서 일어나고 있는 일이 무엇인지 끊임없이 알려주기

c) 아이와 보육교사들 간에 이루어지는 개인적인 관계

로치의 전반적인 교육적 분위기를 통해 아이들은 자신들이 소중하고 중요한 존재임을 느낀다. 이것이 로치의 분위기를 결정짓는 요소가 된다. 이곳에서 자라나는 모든 아이들은 남들이 자신을 존중해 주며, '나'라는 인간 자체가 남에게 온전히 인정받는 존재라는 것을 감지할 수 있다.

또한 아이들은 지금 이 순간 자신들이 느끼는 것처럼 서로를 대하며, 장래에 어른이 되어서도 다른 사람들을 이처럼 대하게 될 것이다.

지금까지 저자는 로치에서 이루어지는 영아 보육과 보육교사들의 보육 활동에 대해 서술했다. 그리고 우리가 기대하는 교육적 행동, 즉 영아의 사회화 과정에서 일어나는 갈등과 어려움을 예방하고 줄여 사회화 과정의 진행에 긍정적인 영향을 미치는 행동에 대해 서술했다. 사회화 과정을 이처럼 평온하게 보내는 것은 로치에서 생활하는 아이들만이 누리는 특권이 아니다. 아이들이 부모와 보육교사들과 함께 지속적인 갈등을 겪지 않으며, 어렸을 때부터 주체적인 파트너로서 존중 받으며, 능력 개발의 기회가 주어지는 크리페와 유치원, 가정은 국내외에 많이 있다.

로치 외에도 이런 기관들의 사례는 강제나 압력, 폭력이 없이도 아이들을 양육할 수 있다는 사실을 잘 보여준다. 아이가 자신의 바람과 주위의 기대를 조화롭게 일치시키도록 이끌어 주면, 그 아이는 자기 자신에 대해서도 평화롭고 타인과도 평화롭게 살게 되고, 자신이 태어나고 자라는 공동체 안에서 자신의 자리를 찾을 수 있게 될 것이다. 이것이 아이의 자아 발견을 돕는 최선의 길일 것이다.

참고 문헌

(1) 엠미 피클러(Emmi Pikler): 《평화로운 아기들·만족스러운 엄마들(Friedliche Babys – zufriedene Mütter)》. 프라이부르크 임 브라이스가우(Freiburg im Breisgau), 1982년 제5판, p.10.
(2) 유디트 팔크(Judit Falk), 마리아 빈체(Mária Vincze): Az étkezés, és az ún. szobatisztaság: A kisgyerek és a felnőtt kapcsolatának két érzékeny területe. Bp. PLT, 1995년, p.95. (Fejlödés – gondozás – nevelés I.) (식사와 기저귀 떼기, 어른과 아이와의 관계에서 두 가지 민감한 사안)
(3) 팔크, 빈체, loc. cit.
(4) 엠미 피클러(Emmi Pikler): Magyar Pediáter, 1979. 13. évf. 2. sz. pp. 227-233. 《나에게 시간을 주세요(Lasst mir Zeit)》 중 영아의 능력(Kompetenz des Säuglings). 차이틀러 출판사(P. Zeitler Verlag), 뮌헨(München), 1988년
(5) 에바 칼로(Éva Kálló): 《우리가 아이들에게 아이들 자신의 이야기를 해 주는 방법(Wie wir den Kindern von ihrer persönlichen Geschichte erzählen)》. 차이틀러 출판사(P. Zeitler Verlag), 뮌헨(München), 1994년
(6) 미리암 다비드(Myriam David): 《50 éves a Lóczy (설립 50주년을 맞은 로치)》. 50 évesa Lóczy -Ahogy a Lóczy a gyermeket Látja … Ahogy a Lóczyt itthon és kúlf-öldön látják., PLT, 1997년 (Fejlödés, gondozás, nevelés 2.)
(7) 엠미 피클러(Emmi Pikler): 〈아기의 능력(Acsesemö kompetenciája)〉. 셰프 메레이(Schöpf Mérei) 기념 강연, 1978년
(8) 안나 터르도시(Anna Tardos), 미리암 다비드(Myriam David): 《아기의 자아 형성에서 자유놀이의 중요성. 부다페스트 엠미 피클러 연구소의 몇몇 연구 결과(De la valeur de l'activité libre du

bébé dans l'élaboration du self. Résultats et discussions de quelques recherches de l'Institut Emmi Pikler á Budapest)》. 1991년

(9) 피클러와 팔크의 발달 상황 체크 도표, 1968 in: 유디트 팔크(Judit Falk), 모니카 알뤼(Monika Ally):《관찰, 이해, 동행(Beobachten, Veerstehen und Begleiten)》. 베를린 피클러 협회 영아 보육학 시리즈, 2008년

# 긍정적인 교육 태도에 관하여[4]

_안나 터르도시Anna Tardos, 에바 데헬란Éva Dehelán, 릴리 세레지Lili Szeredi

♡ 우리는 부다페스트 소재 피클러 연구소[5] 보육교사들의 특징적인 교육 태도를 체계적으로 관찰하고 분석하기로 계획했다. 이를 위해 우리는 특별히 섬세하고 모범적인 방식으로 우리의 교육 원칙을 실천하는 뛰어난 보육교사 릴리 세레지Lili Szeredi의 행동을 관찰했다. 릴리 세레지의 과제는 이른바 "놀이집"에 오는 아이들을 맞이하고, 교육적 과제를 수행하는 보육교사들을 지원하는 것이었다. 우리가 중점적으로 관찰한 부분은, 릴리 세레지가 사회적 발달 과정에 있는 아이들로 하여금 새로운 습관을 내면화하도록 유도하는 방식이었다.

---

[4] A szocialis szabályok betartását célzó nevelói magatartás« in: Magyar pszichológiai Szemle 34, p. 269-276
[5] 헝가리 부다페스트 로치 가 3번지 소재의 영아 보육원

1. 놀이집 내의 상황

피클러 연구소의 아이들은 일주일에 여러 번 두세 명씩 짝을 지어 놀이집으로 간다. 놀이집은 연구소 마당에 마련되어 있는 아담한 공간이다. 이곳에서는 교사 한 명이 아이들을 맞이한다. 이곳의 내부는 아이들이 생활하는 공간과는 다른 형태로 꾸며져 있다. 아이들이 생활하는 공간에서 보지 못하는 장난감들도 갖추어져 있다. 하지만 아이들은 이곳에서 새로운 장난감을 가지고 놀 뿐만 아니라, 자신들에게 기대되는 새로운 행동 양식을 습득한다.

아이들이 그룹별로 생활하는 익숙한 공간은, 보육교사가 다른 아이를 목욕시키거나 옷을 갈아입히거나 먹을 것을 먹이느라고 함께 있지 못할 때에도 아이들이 아무런 위험 없이 평화롭게 놀 수 있도록 조성되어 있다. 반면 놀이집에는 누구나 접근할 수 있는 난로가 설치되어 있고, "어른들의 물건"이 가득한 서랍이 아이들의 손이 닿는 곳에 있고, 마음대로 열고 닫을 수 있는 커튼도 있고, 화분과 전선도 아이들의 손이 닿는 곳에 있다.

그룹별로 생활하는 공간에는 어른의 감독이 없이도 가지고 놀 수 있는 장난감들이 있다. 반면에 놀이집에는 구슬을 꿰어 목걸이를 만드는 기다란 줄, 나무 막대, 나무판, 나무 망치처럼 위험 요소가 있는 장난감도 있다.

또한 물건을 운반할 수 있는 큼직한 트럭도 있다.

2. 우리가 관찰한 것

우리가 관찰한 소그룹은 놀이집에서 시간을 보내는 16개월부터 21개월까지의 아이들이었다. 대부분의 아이들은 이미 5주에서 8주 전부터 일주일에 세 번씩 놀이집에 와서 시간을 보냈다.

특히 이 시기의 아이들은 다양한 사회적 기대를 체득하며, 놀이집은 이 시기의 아이들이 사회적 기대를 체득하는 과정에서 보완적인 역할을 하는 중요한 장소이다. 관찰을 시작한 시점에 아이들은 이런 새로운 환경에서 기대되는 색다른 행동 양식을 아직까지 내면화하지 못한 상태였다. 따라서 보육교사의 행동을 분석하기에 적절한 때였다. 우리는 보육교사가 자신의 기대를 아이들에게 전달하고 아이들로 하여금 이를 준수하도록 유도하는 방식을 알고 싶었다.

보육교사가 아이들에게 아무런 과제도 부여하지 않을 뿐 아니라 목소리를 높이는 경우도 극히 드물기 때문에, 외부인으로서는 보육교사가 아이들을 감독하는 것 외에는 아무것도 하지 않는다는 잘못된 결론을 내리기 쉬울 것 같았다. 아이들이 공간 내에서 너무나도 당연한 듯 자연스럽고 자유롭게 움직였기 때문에, 공간에 마련되어 있는 물건과 장난감을 다루고 서로를 대하는 행동과 관련하여 아이들이 자신에게 기대되는 행동 양식을 스스로 지킨다는 생각이 들 정도였다. 바로 여기에서 일관적으로 적용되는 교육적 태도가 아이들의 행동에 영향을 미친다는 것은 다수의 아이들, 그룹들의 생활을 상당한 기간 동안 지켜보아 온 사람만이 제대로 파악할 수 있다.

우리는 보육교사의 언어적 표현뿐만 아니라 표정과 몸짓을 포함한 비언어적 행동 방식도 기록했다. 또한 보육교사가 반응을 보인 아이들의 세세한 행동도 하나하나 기록했다. 우리는 기록한 것을 분석하기 위해 교사의 행동을 활동 형태에 따라 분류했다.

보육교사의 행동은 매우 다양한 반응으로 이루어져 있었다.

특히 눈에 띈 것은, 보육교사의 반응이 주로 대답의 성격을 갖고 있다는 사실이었다. **보육교사의 활동은 일반적으로 아이들의 행동과 아이들이 보내는 신호와 연계되어 있었다.** 아이들은 놀이집에서 시간을 보내는 동안 자신들을 주의 깊게 지켜보는 보육교사가 자신들의 모든 행동과 활동에 대해 반응한다는 것을 분명하게 체험한다.

이제부터 우리는 아이들에게 기대되는 행동과 관계 있는 **보육교사의 활동**만을 분석하고자 한다.

보육교사가 아이들에게 보인 관심 중 극히 일부만이 바로 지금 습득해야 할 기대와 직접 연관되어 있었다. 아이들이 바람직하지 않은 행동을 하는 것을 반대하거나 저지하고, 이런 상황에서 아이들을 위로해 주느라 투입된 활동은, 보육교사가 한 활동 전체의 15%에 불과했다. 보육교사의 활동 가운데는 사회적 기대를 전달하는 것이 85%로, 전체 활동의 대부분을 차지했다. 보육교사는 행동으로 모범을 보임으로써 기대를 표현하고, 아이들이 기대에 상응하는 행동을 보일 때 지지하거나 이에 필요한 전제 조건을 조성했다.

3. 보육교사가 기대를 표현하는 활동

보육교사의 활동 중 40%는 아이들에게 기대하는 행동 방식을 표현하는 것과 연관되어 있다. 보육교사는 자신의 기대를 요구하고 지시하거나 규정을 상기시킴으로써 표현할 뿐만 아니라, 간접적인 방식으로도 표현한다. 기대를 표현하는 보육교사의 활동 중 간접적인 표현이 차지한 비율은 66% 정도였다.

예를 들어 보자.

20개월이 된 안드레아Andrea가 난방기 쪽으로 손을 뻗자, 보

육교사가 깜짝 놀라서 말한다. "앗, 그건 굉장히 뜨거워!" 그리고 짤막하게 설명하는 말을 덧붙인다. "지금 난방기가 켜져 있거든."

비키Viki가 엘비라Elvira의 의자에 앉으려고 하자, 교사는 비키에게 친절한 말투로 말한다. "비키야, 그건 엘비라의 자리야."

보육교사는 비키에게 다른 의자에 앉도록 요구하지 않는다. 또한 안드레아에게도 난방기를 만지지 말라는 금지의 말도 하지 않는다. 보육교사는 아이들에게 행동 규칙을 내세우지 않으며, 자신이 기대하는 것을 오로지 간접적으로 표현한다. (이 상황과 관련된 기대는 보육교사가 이미 아이들에게 설명한 바 있다.)

또한 보육교사는 행동으로 모범을 보이고 이에 상응하는 표현을 함으로써, 자신이 아이들에게 기대하는 것을 간접적으로 표현하기도 한다. 예컨대 눈에 띄게 즐거운 표정을 지으면서 여기저기 흩어져 있는 장난감을 한 군데에 모아 정리하는 모습을 아이들에게 보여 주는 것이다.

이렇게 간접적인 표현을 함으로써, 보육교사는 아이들에게 자신이 기대하는 것을 자발적으로 따를 기회를 준다.

4. 기대 행동을 지지하는 활동

보육교사의 활동 중 두 번째 유형은 기대 행동을 지지해 주는 활동이다. 이 유형에 속하는 활동이 전체에서 차지하는 비율은 32%로, 첫 번째 유형과 마찬가지로 커다란 비중을 차지하고 있다.

하지만 우리의 예상과는 달리, 이런 활동 중 아이를 직접적으로 인정하는 표현은 5분의 1에 불과했다. 다시 말해 기대 행동을 지지하는 활동에서 간접적인 표현 방식이 좀 더 확실하게 나타났다. 보육교사는 기대 행동 대부분을 말로만 표현했다.

예를 들어 보자.

> 오늘 처음으로 놀이집에서 시간을 보내게 된 16개월인 토마스 *Thomas*가 인형 침대에 놓여 있던 인형을 바닥에 던진다. "인형을 바닥에 던졌구나. 인형을 다시 올려 놓으면 좋겠네." 토마스는 보육교사의 말대로 인형을 다시 주워 올린다. 하지만 비어 있는 인형 침대를 가지고 놀다가 인형을 다시 떨어뜨린다. 그러고 나서 인형을 주워 침대 속에 넣더니, 다시 인형을 꺼내 떨어뜨린다. 인형이 요란한 소리를 내며 바닥으로 떨어지는데도, 토마스는 여전히 인형 침대를 가지고 논다. 마침내 토마스는 인형을 주워 올려 인형 침대 속에 넣는다. 그제서야 보육교사는 친

절한 목소리로 토마스에게 격려하는 말을 건넨다. "인형을 침대 속에 눕혀 주었구나." 토마스는 기쁨이 가득한 얼굴로 보육교사의 말을 따라 한다. "눕혀 주었구나, 눕혀 주었구나!" 그 후로 토마스는 다시는 인형을 바닥에 던지지 않았다.

나무 퍼즐을 퍼즐판에 맞추어 넣는 비키에게 보육교사가 말한다. "퍼즐 조각을 제대로 맞추고 있구나."

보육교사는 아이가 기대 행위를 이미 실행한 뒤에 다른 것을 하려고 할 때에야 비로소 말을 건네는 간접적인 방식으로 기대 행동을 지지하는 경우가 많다.

"숟가락이 참 예쁘다. 차바Csaba야, 그렇지 않니?" 보육교사가 18개월인 차바에게 말한다. 보육교사는 방금 전까지 차바가 숟가락을 손에 든 채 이리저리 뛰어다니는 것이 마음에 들지 않았다. 하지만 보육교사가 이렇게 말하자, 차바는 뛰어다니던 것을 멈추고 자리에 앉아 숟가락을 신기하다는 듯이 들여다보았다.

아이들이 기대 행동을 실행할 때, 보육교사는 말과 행동으로 지지

해줌으로써 아이의 바람직한 행동을 간접적인 방식으로 인정할 수도 있다. 예컨대 새로운 아이디어를 내거나 제안을 하고, 기존의 놀이를 보완하는 새로운 놀이 도구와 적절한 놀이공간을 제공함으로써 아이의 바람직한 행동을 간접적으로 인정해 주는 것이다.

우리는 아이의 행동을 간접적인 방식으로 지지하는 것이 아이의 행동을 인정하는 활동에 객관적인 성격을 부여한다고 생각한다. 그렇게 하면, 바람직한 행동이 극히 자연스러우며 당연한 행동임을 아이에게 전달하는 동시에, 아이에 대한 신뢰를 표현하게 된다.

아이가 바람직하지 않은 행동을 했을 때, 보육교사는 아이가 가지고 있던 바람직한 의도를 강조함으로써 아이에 대한 신뢰를 표현하기도 한다.

예컨대 보육교사는 장난감 망치를 가지고 실로폰을 두드리는 엘비라에게, 나무판에 동그란 나무 조각을 두드려 넣는 망치 놀이를 하도록 제안했다. 망치질을 하고 싶어하는 아이의 바람을 지지해 주면서 이에 적절한 방법까지 제시한 것이다.

5. 바람직한 행동에 필요한 제반 조건을 마련해 주는 활동

보육교사의 활동 중 세 번째 유형은 기대를 충족하는 데 필요한 전제 조건을 마련하는 활동이다(보육교사의 전체 활동 중 13%에 해당).

이 유형의 활동 가운데 우리가 강조하고자 하는 것은, 어른들과 아이들 간의 의사소통에 필요한 전제 조건을 마련하기 위한 특별한 활동이다.

예컨대 아이들의 집중을 요청할 때면, 보육교사는 아이들이 자신의 말에 귀를 기울일 때까지 기다린다. 그리고 나서야 보육교사는 두 번째 활동을 시작하여, 아이들에게 요청, 금지, 경고 등을 표현하거나 규칙을 상기시킨다.

이 외에도 보육교사는 아이들이 정보를 이해할 수 있도록 준비시킴으로써 의사 소통에 필요한 전제 조건을 마련한다.

예를 들어 보자.

18개월이 된 사바에게 바닥에 흩어져 있는 퍼즐 조각을 모으라고 타이르기 전에, 보육교사는 이렇게 말한다. "퍼즐 조각이 여기저기 굴러다니네."

16개월이 된 토마스는 친구가 플라스틱 컵을 가지고 노는 것을 바라

보고 있다. 보육교사는 토마스에게 이렇게 묻는다. "너도 저런 컵 갖고 싶니?" 그러고 나서야 토마스에게 제안한다. "엘뢰드*Elöd*에게 가서 컵을 하나 달라고 해봐."

안드레아가 망치로 나무판에 두드려 넣는 나무 조각을 가지고 다니자, 보육교사는 이렇게 말한다. "나무 조각이 판에서 떨어졌구나!" 그러고 나서 보육교사는 안드레아에게 바람직한 행동으로 모범을 보여 주기 위해 나무 조각을 나무판 속에 끼워 넣는다.

6. 바람직하지 않은 행동을 거부하는 활동

우리가 관찰한 활동 중 네 번째 그룹에 속하는 것은 바람직하지 않은 행동을 반대하거나 저지하는 활동으로, 보육교사가 기대하는 것을 간접적으로 표현하는 것이었다. 이 중에서 가장 자주 관찰된 교사의 활동은 아이와의 직접적인 관계를 중단하는 것이었다. 보육교사는 바람직하지 않은 행동을 하는 아이와 한동안 아무 것도 하지 않으며, 그러면 아이는 보육교사가 자신에게 관심을 주지 않는다는 인상을 받는다.

보육교사는 이런 활동을 통해 아이 스스로가 행동에 관해 결정을 내릴 기회를 준다.

다른 한편 교사는 이런 활동을 통해 여러 명의 아이가 함께 생활하는 곳에서 흔히 관찰할 수 있는 전형적인 현상을 방지한다. 즉, 아이들이 바람직하지 않은 행동을 함으로써 그토록 바라던 어른들의 관심을 끌려고 시도하는 것을 방지하는 것이다.

이제 우리는 두 가지의 보충 데이터를 통해 우리의 결론을 강조하고자 한다.

지금까지 설명한 교육에 관한 태도 중 특징적인 것은 금지와 명령, 즉 강제에 의해서가 아니라 대안을 제시함으로써 아이들을 교육한다는 것이다. 이는 아이들로 하여금 어른들의 기대에 자발적으로 참여하도록 해 준다.

보육교사가 아이에게 기대되는 행위를 아이 대신 이행한 것은 극히 드문 일로, 전체 활동 중 1.9%였다(놀이집을 떠나려 하지 않는 차바를 팔에 안고 나간 것이 이같은 사례에 해당한다).

우리가 여기에서 이야기하는 것은 18개월부터 21개월까지의 아이들이다. 이 시기의 아이들은 대개 자신에게 기대되는 것이 무엇인지 이해할 때까지 어른들이 기다려 주지 않고, 어떤 행동을 할지 결정할 때까지도 어른들이 기다려주지 않는 것을 여러 번 경험한 바 있다. 대부분 어른들은 자신이 기대하는 바를 아이가 충족시킬 것이라고 생각하지 않기 때문에 아이 대신 나서서 행동한다.

몇 가지 사례의 경우(15.5%), 아이들은 인형을 바닥에 던졌던 토마스처럼 바람직한 행동과 바람직하지 않은 행동을 여러 차례 번갈아 했다. 보육교사는 자신이 기대하는 바를 포기하지 않은 채, 아이가 바람직한 행동과 바람직하지 않은 행동을 직접 해보고 최종적으로 바람직한 행동을 자발적으로 수용할 기회를 주었다. 아이들은 자신에게 주어진 기회를 악용하지 않았다. 80%의 사례에서 아이들은 자신에게 기대되는 바람직한 행동을 이행했다.

다비드와 아펠[1]은 로치에 관한 공저에서, 상대적으로 월령이 높은 영아들이 매우 훈련이 잘 되어 있는 것이 눈에 띈다고 전한다. 또한 아이들이 기존의 질서에 자발적으로 따르고, 분명하게 표현되는 규칙을 자발적으로 준수하는 것이 매우 놀랍다고 전한다.

이처럼 아이들의 자발적인 협력은 보육교사와의 긍정적인 관계와 그룹 내에서의 긍정적인 체험에 의해 그 바탕이 형성된다.

확신을 가지고 행동하며 기대하는 바를 포기하지 않은 채 아이들과 협력하고, 공감하고, 아이들에게 다가가는 보육교사의 활동으로 인해 아이들이 주어진 환경에 자발적으로 적응할 마음을 갖게 것이다.

우리의 견해에 따르면, 지금까지 설명한 교육 관련 행동의 근본적인 전제 조건은 영아들을 신뢰하는 것, 그리고 바람직한 사회적 행동은 강제, 명령, 금지를 통해서 습득되지 않는다는 확신을 갖는 것이다. 아이들이 자신에게 기대되는 행동 양식을 수용하는 데는 무엇보다도 어른들의 도움과 지지, 기대되는 행동 양식을 스스로 선택할 수 있는 기회가 있어야 한다.

이렇게 보육교사의 활동을 관찰한 것은 18개월부터 24개월까지의 영아에게도 어른들에 의해 통제되고 좌우된다는 느낌을 주지 않을 수 있다는 것을 전하기 위해서였다.

첨언

나와 에바 데헬란과 함께 놀이집에서 보육교사 릴리 세레지의 활동을 관찰하기로 했을 때 우리의 관심사는, 어떻게 해서 세레지가 겉으로 보기에 너무나 쉽게 아이들로 하여금 사회적 기대를 아무런 갈등 없이 금세 이해하고 실행하도록 이끌 수 있었을까, 하는 것이었다. 관찰 결과를 분석할 때, 우리는 아이들에게 간접적으로도 사회적 기대를 전달함으로써 장난감이나 다른 아이들과의 관계를 둘러싼 기대 행동을 더 쉽게 받아들이도록 하는 방법이 얼마나 다양하고 풍부한지를 중요하게 보았다. 이 관찰 작업이 아이들과 이야기하는 방식에 연관된 우리의 교육적 문화를 한층 더 잘 이해하게 해 주는 중요한 과정이었다는 것이 우리 경험의 결론이다.

2013년에 아냐 베르너와 나는 세미나에서 이 관찰 자료를 다루었는데, 이때 문득 자주 듣던 오해가 떠올랐다. 그것은 우리가 보육교사들에게 언제나 앞의 서술처럼 간접적인 방식으로만 아이들에게 이야기하기를 기대한다는 오해였다. 앞에서 괄호 안에 넣어 언급했지만(187쪽), 그렇다고 우리는 아이들이 기대에 대한 명확하고 확실한 설명이 필요하고 또 전달 받았다고 하지는 않았다. 우리는 직접적으로 이야기하는 것에 대한 사례를 제시하지 않았으며, 그것을 또 하나 가능한 방법이라고도 하지 않았다. 그로 인해 우리의 서술은 약간 한쪽으로 치우친 감이 없지 않다. 아이들에 대한 우리의 기대 중 몇 가지는 아이들에게 단순 명료하게 설명하는 것도 중요하다는 인상을 독자들이 가질 수 없게 되었으니 말이다. 직접적인 표현이 필요한 경우에 대해서는 《평화로운 아기들, 만족스러운 엄마들》에 실린 엠미 피클러의 글 "영아기에서 유아기로"에 아주 명료하게 서술되어 있다.

이에 더하여 강조하고 싶은 것은, 기대를 간접적으로 전달한다고 해서 교육적인 분위기가 저절로 긍정적이 되지는 않는다는 사실이다. 긍정적인 분위기를 만드는 데 가장 중요한 것은, 언제나 그 이면에 있는 아이에 대한 선의와 공감을 바탕으로 하는 교육 태도이기 때문이다.

안나 터르도시

참고 문헌

(1) 미리암 다비드(Myriam David), 주느비에브 아펠(Genevieve Appell):《로치, 아이 엄마가 없는 상황에서 엄마처럼 돌보기(Lóczy, müttliche Betreuung ohne Mutter)》. 뮌헨, 1995년

 # 부록: 《사람이 되도록 양육하기》 중 발췌

_앨리스 헤르만 Alice Hermann

♡ 헝가리의 심리학자이자 심리상담가인 앨리스 헤르만(1895-1975)은 제2차 세계대전이 끝난 후 유아의 발달에 대해 집중적으로 연구했다. 그는 특히 유치원 교육에 중점을 두고 연구했으며, 헝가리 정부의 공무원으로서 수년간 유치원 교육의 발전을 위해 책임감을 가지고 헌신했다. 앨리스 헤르만은 1947년 출간된 저서 《*Emberré nevelés*(사람이 되도록 양육하기)》에서 아이와 공감하는 교육 방식을 옹호하는 입장을 밝혔다.

다행히 오늘날에는 아이들에 대해 자유로운 양육 방식이 일반적인 것이 되었다. 하지만 자녀들에게 행동 기준을 제시하는 것이 옳은지, 제시한다면 어떤 방식으로 해야 할지 확신하지 못하는 부모들이 여전히 많다. 이에 따라 교육학 관련 서적 시장에는 "행동에 경계선이 없는" 아이들의 문제를 다루는 육아 서적이 다수 출간되고 있다.

이미 오래 전에 앨리스 헤르만은 지나치게 많은 것을 허용하는 교육 방식에 어떤 위험이 내재하는지를 내다보고 있었다. 앨리스 헤르만의 저서 중 이와 관련된 부분을 발췌하여 소개한다.

[……]

대부분의 가정들은 교육의 기초 사항들에 대해 민감하지 않으며, 아무런 의식 없이 자녀를 양육하고, 수백 년 전부터 내려오는 전통을 고수한다. 즉, 자녀를 함부로 다루기도 하며, 매를 들기도 하고, 순종하고 얌전하게 행동하도록 양육하며, 자녀를 속일 때도 있고, 자녀 자신의 일이나 가족 전체에 관한 일에 영향을 끼칠 기회를 주지 않는다. 반면, 현대적인 교육학 이론을 옹호하는 가족의 경우에는 부모의 교육적인 지도의 부재로 자녀들이 안정감을 느끼지 못하고 행동의 경계가 불확실하여 불안감을 겪는다.

진보적인 교육은 궤도를 벗어나기가 쉽고, 이로 인해 놀랄 정도로 부정적인 결과를 초래할 수 있다. 자녀를 무한정 이해하려는 부모의 태도는 극히 수동적이며 방관적인 태도로 번질되기 쉽다. 자녀가 부모로부터 얼마나 많은 이해를 받는지와는 무관하게, 부모의 교육적인 지도가 부재하여 자녀가 안정감을 느끼지 못하는 경우에는 일관성 있는 확실한 기준을 원하는 아이의 욕구가 충족되지 않는다. "현대적인" 육아 방식을 통해 자란 아이들이 부딪히게 되는 문제는 지나치게 예의범절이 없는 것이라기보다는 청년이 되어서도 불안감을 가지고 있다는 점이다. 이는 보통 사람들의 예상을 벗어나는 결과이다. 마치 두 개의 상이한 육아 방식이 같은 결과를 초래하는 것처럼 보인다. 부모의 권위라는 짐을 지고 자라는 아이는 훗날 불안감을 안고 살게 된다. 하지만 엄마의 수동적인 태도를 우유부단함으로 인식하고, 자녀를 이해하고자 하는 태도를 무력함으로 인식하는 아이 또한 불안감을 느낄 수 있다. 많은 자유를 허용 받아 "더 이상은 나가지 말고 여기까지"라는 확실한 경계가 주어지지 않은 아이의 경우가 그렇다. 아이가 지켜야 할 경계는 실제 생활에서 생겨난다. 예컨대 아빠가 일을 할 때는 방해하지 말아야 하며, 깨끗하게 닦아 놓은 탁자 위에는 색연필로 그림을 그려서는 안 된다는 것이 그렇다. 하지만 이런 경계를 어느 정도까지 준수해야 하는지는 부모에게 달려 있다. 엄마가 아이의 자유를 강조하여 엄마 자신의 의견을 아이가 감지할 수 없고, 아이가 도움을 필요로 할 때 엄마가 모든 것을 허용하기만 하면서 적극적인 해결안을 제시하지 않고 분명한 교육적 지도를 하지 않아도 아이에게 불안감을 야기시킬 수 있다. 이것은 진보적인 교육의 가장 민감한 부분이다. 이와 관련하여 우리는 신중하게 양극단의 중도를 찾아야 할 것이다.

적절한 중도란 무엇일까? 어떤 양극단의 중간이란 말인가? 여기에서 양극단이란 아이를 완전히 자유롭게 놓아 두는 것과 꼭 붙들어 두는 것인 듯하다. 진정한 엄마는 분명 자녀가 바닥으로 떨어지지 않도록 붙잡는다. 우리는 엄마를 신뢰하고, 엄마의 힘과 말, 판단을 신뢰할 수 있다.

다른 한편 엄마는 아빠와 마찬가지로 자녀를 붙들지만, 엄마의 경우에는 꼭 붙들어 두지는 않는다. 아이는 부모가 자기 곁에 있으면서 도움이 필요로 할 때 언제라도 도와주리라는 느낌을 가지고 있어야 한다. 부모는 자녀의 모든 일에 동행하지만, 자녀를 소유하려고 하지는 않는다. 아이는 부모가 자신을 붙들 수 없기 때문에 자유롭게 놓아두는 것이 아니라, 자녀에게 자유를 누리도록 하기 위해 자녀를 붙들지 않는다는 것을 감지해야 한다.

따라서 우리는 불가피한 갈등 상황에 처하게 되면 아이에게도 자유롭게 행동할 여지를 주는 동시에, 공감에 기초한 해법과 필요하다면 단호한 해법도 제시한다.

공감이란 무엇보다도 아이가 나쁜 일을 할 때 이를 드러내고 훈계하지 않는 것을 의미한다. 공감이란 이렇게 어려운 상황이 발생했을 때 아이에게 망신을 주고 야단을 치는 대신, 우리가 아이에게 기대하는 바와 아이가 넘어서는 안 될 경계를 알려 주는 데 그치지 않고, 말과 행동을 통해 아이를 진정으로 신뢰한다는 것을 표현하는 것을 의미한다.

[……]

🌸 저자들

에바 데헬란Éva Dehelén : 심리학자, 피클러 연구소 전직 직원, 부다페스트

앨리스 헤르만Alice Hermann : 심리학자, 심리상담가, 부다페스트

에바 칼로Éva Kálló : 교육학자, 피클러 연구소 직원, 부다페스트

릴리 세레지Lili Szeredi : 유치원 교사, 피클러 연구소 전직 직원, 부다페스트

안나 터르도시Anna Tardos : 아동심리학자, 피클러-강사, 베를린

앙케 진저Anke Zinser : 교육학자, 베를린

피클러 교육학 관련 도서

- 모니카 알뤼(Monika Aly): 《우리 아기가 자신과 세상을 발견해 나가요(Mein Kind entdeckt die Welt)》. 뮌헨(München), 2011년
- 미리암 다비드(Myriam David), 주느비에브 아펠(Genevieve Appell): 《"로치". 엄마가 없는 상황에서 엄마처럼 아이 돌보기(müttliche Betreuung ohne Mutter)》. 뮌헨(München), 차이틀러(P.Zeitler) 출판사 1995년
- 유디트 팔크(Judit Falk): 《영아, 영아의 부모와 소아과 의사(Säugling, seine Eltern und ihr Kinderarzt)》. 뮌헨(München), 차이틀러(P.Zeitler) 출판사 2000년
- 마그다 게르버(Magda Gerber), 엘리슨 존슨(Allison Johnson): 《삶을 향한 멋진 출발. 아기와 함께 처음 보내는 시간을 위한 실마리(Ein guter Start ins Leben. Ein Leitfaden für die erste Zeit mit Ihrem Baby)》. 엠멘딩엔(Emmendingen), 아이와 함께 성장하기(Mit Kindern wachsen) 출판사 2002년
- 엘프리데 헹스텐베르크(Elfriede Hengstenberg): 《발달 과정. 아이들과 함께 한 활동에 관한 이야기와 사진(Entfaltungen. Bilder und Schilderungen aus meiner Arbeit mit Kindern)》. 우테 슈트룹(Ute Strub) 발행, 프라이부르크(Freiburg i. Br.), 아보르(Abor) 출판사 2005년
- 에바 칼로(Éva Kálló): 《우리가 아이들에게 아이들 자신의 이야기를 어떻게 해 주는지(Wie wir den Kindern von ihrer persönlichen Geschichte erzählen)》. 뮌헨(München), 차이틀러(P. Zeitler) 출판사 1994년
- 엠미 피클러(Emmi Pikler): 《평화로운 아기들 - 만족스러운 엄마들(Friedliche Babys – zufriedene Mütter)》. 소아과의사의 육아 조언서, 프라이부르크(Freiburg i. Br.), 헤르더(Herder) 출판사 2009년.
- 엠미 피클러(Emmi Pikler): 《나에게 시간을 주세요(Lasst mir Zeit)》.《자유롭게 걸어다니기까지 아이의 주체적인 움직임의 발달(Die selbständige Bewegungsentwicklung des Kindes bis zum freien Gehen)》. 뮌헨(München), 플라우멘(Pflaumen) 출판사 2009년
- 엠미 피클러(Emmi Pikler), 유디트 팔크(Judit Falk), 안나 터르도시(Anna Tardos) 외: 《서로 친밀해 지기(Miteinander vertraut werden)》.《영아 보육에 관한 경험과 생각(Erfahrung und Gedanken zur Pflege von Säuglingen und Kleinkindern)》. 프라이부르크(Freiburg i. Br.), 헤르더(Herder) 출판사 2009년
- 마리아 빈체(Mária Vincze): 《모성애, 보육 전문가의 사랑(Mütterliche Liebe, professionelle Liebe)》. 뮌헨(München), 차이틀러(P.Zeitler) 출판사 2000년

♣ 베를린 피클러 협회 총서

- 마리아 빈체(Mária Vincze): 《혼자 힘으로 먹기까지의 과정(Schritte bis zum selbständigen Essen)》. 아니타 드리스(Anita Dries)의 기고문 포함, 2005년
- 에바 칼로(Éva Kálló), 지요르기 벌로그(Gyorgyi Balog): 《자유놀이의 시작(Von den Anfängen des freien Spiels)》. 우테 슈트룹(Ute Strub) 및 앙케 친처(Anke Zinser) 발행, 2008년
- 《다운 증후군을 앓는 영아(Das kleine Kind mit Down-Syndrom)》. 베를린 피클러 협회 심포지엄 기고문, 레나테 볼프(Renate Wolff), 모니카 알뤼(Monika Ally) 외, 2001년
- 마르그레트 폰 알뵈르덴(Margret von Allwörden), 마리 비제(Marie Wiese): 《영아를 위한 준비된 환경(Vorbereitete Umgebung für Babys und kleine Kinder)》. 가정과 크리페, 영아 현장을 위한 핸드북, 2009년

* 베를린 피클러 협회의 출판물은 이메일(gudrun.zoellner@web.de)을 통해 직접 구입하거나 서점에서 구입하실 수 있습니다.